LA CLÁUSULA "ROMEO Y JULIETA" EN EL DERECHO ESPAÑOL (ART. 183 BIS CP)

Las fronteras de la intervención penal en la protección de la libertad e indemnidad sexuales de los menores

CARLOS FUERTES IGLESIAS
Doctor en Derecho

LA CLÁUSULA "ROMEO Y JULIETA" EN EL DERECHO ESPAÑOL (ART. 183 BIS CP)

Las fronteras de la intervención penal en la protección de la libertad e indemnidad sexuales de los menores

Prólogo
Antonia Monge Fernández

ARANZADI

Editorial Aranzadi, S.A.U.
C/ Collado Mediano, 9
28231 Las Rozas (Madrid)
Tel: 91 602 01 82
e-mail: clienteslaley@aranzadilaley.es
https://www.aranzadilaley.es

Primera edición: 2024

Depósito Legal: M-15591-2024
ISBN versión impresa: 978-84-10295-33-9

Diseño, Preimpresión e Impresión: Editorial Aranzadi, S.A.U.
Printed in Spain

A mis padres

Índice General

Página

Página

Prólogo

Supone siempre un motivo de gran satisfacción presentar una obra que recoge los frutos de un riguroso trabajo de investigación como el que realiza el Doctor Carlos Fuertes Iglesias. La invitación cursada hace escasos días de prologar una obra suya no podía recibir más que una respuesta afirmativa por mi parte, al tratarse de una generosa propuesta fundada no solo en una relación académica, sino sobre todo en viejos lazos de amistad que me vinculan desde hace casi dos lustros con el Área de Derecho Penal del Departamento de Derecho Penal, Filosofía del Derecho e Historia del Derecho de la Universidad de Zaragoza, que fluyen como un río subterráneo, invisible pero poderoso desde la tierra del Ebro a las orillas del Guadalquivir.

El Profesor Carlos Fuertes Iglesias es un joven académico apasionado y un investigador incansable, habiendo cosechado relevantes frutos a su labor investigadora, sólida a pesar de su juventud y prometedora, resaltando el premio a la mejor comunicación titulada "*Elementos nucleares frente a elementos periféricos del consentimiento sexual: trascendencia de esta cuestión en la tutela penal de la libertad sexual*" (II Congreso Nacional de la Asociación de Profesorado de Derecho Penal, Las Palmas de Gran Canaria, 15 junio 2023), destacándose por el jurado la originalidad, la calidad técnica y trascendencia de la aportación.

La satisfacción manifestada en estas líneas es tanto mayor cuando la monografía que ahora presento tiene como objeto el estudio de uno de los temas nucleares del Derecho penal sexual, planteando los límites a la intervención penal en la protección de la libertad e indemnidad sexuales de los menores. Esta afirmación se justifica por las numerosas reformas acontecidas en el ámbito de los delitos sexuales como síntoma del carácter controvertido y polémico de esta tipología delictiva, que lleva a cuestionar la necesidad de la intervención penal, así como los límites de su castigo.

Las limitaciones que tenía el Derecho penal tradicional para enfrentarse seria y eficazmente con el *consentimiento de los menores* en el ámbito sexual eran evidentes y se han puesto de relieve en algunas de las sentencias pronunciadas por los Tribunales de Justicia en casos mediáticos –SSTS

626/2022, de 23 de junio, 750/2022, de 14 de septiembre, "Caso de la Arandina"–, que muchas veces ha provocado en las víctimas afectadas por estos hechos y en la propia opinión pública en general, más irritación que satisfacción por el veredicto alcanzado.

Acertadamente, el Doctor Fuertes Iglesias centra su investigación en el artículo 183 bis del Código penal, en la *Cláusula Romeo y Julieta* en el Derecho penal español. La rúbrica de esta cláusula se ajusta adecuadamente al estudio del consentimiento de los menores, pues la célebre tragedia de Shakespeare evoca el arquetipo de los amantes desventurados, describiendo una historia de amor imposible entre dos menores (Romeo, joven de 17 años y Julieta, doncella con 14 años.)

El actual artículo 183 bis del Código penal, fiel trasunto del viejo artículo 183 *quater*, se introdujo con la finalidad de evitar la criminalización de comportamientos sexuales de los jóvenes adolescentes que practicaban experiencias sexuales con otras personas de edad y madurez similar. El tenor literal del referido precepto indica que "*Salvo en los casos en que concurra alguna de las circunstancias previstas en el apartado segundo del artículo 178, el libre consentimiento del menor de dieciséis años excluirá la responsabilidad penal por los delitos previstos en este capítulo cuando el autor sea una persona próxima al menor por edad y grado de desarrollo o madurez física y psicológica*". Son dos las principales novedades que presenta la actual redacción respecto a su antecesor: de un lado, se introduce un inciso primero para indicar que el consentimiento deviene ineficaz cuando concurra alguna de las circunstancia previstas en el apartado segundo del artículo 178 CP, como son el empleo de violencia, intimidación o abuso de una situación de superioridad o de vulnerabilidad de la víctima, así como los que se ejecuten sobre personas que se hallen privadas de sentido o de cuya situación mental se abusare y los que se realicen cuando la víctima tenga anulada por cualquier causa su voluntad. De otro lado, en la redacción final del texto se añade los términos "física y psicológica" con respecto a la madurez.

Las recientes reformas penales evidencian un cambio de paradigma en la interpretación de la tutela penal del ejercicio activo de la sexualidad de los menores en general, y en particular, de los que no alcanzan la edad de autodeterminación sexual. Sin embargo, la redacción del artículo 183 bis CP plantea múltiples interrogantes que pueden resumirse bajo la siguiente cuestión: ¿cuál ha de ser la frontera de la intervención penal en la protección de la libertad e indemnidad sexual de los menores?

Para responder a este problema, el profesor Carlos Fuertes parte de un planteamiento inicial sobre la edad del consentimiento sexual en España con una exposición del marco comparado y valoración de la elevación de 13 a 16 años de la edad en nuestro ordenamiento, tomando como paradigma ordenamientos con honda trayectoria de influjo en el Derecho Penal español (caso especialmente de Alemania, y en menor medida también de Italia y Francia). Además, completa esta visión con una referencia a otros sistemas que ocupan posiciones de vanguardia en el tratamiento de la delincuencia sexual a nivel mundial (caso de Gran Bretaña, Suecia, Estados Unidos y Canadá). Finalmente, incluye el ejemplo de Singapur por advertir un modelo ce "*common law*" en el ámbito asiático.

A juicio del autor, resulta criticable la elevación a 16 años de la edad de consentimiento sexual, analizando exhaustivamente la existencia de una "edad mínima" y una "edad máxima" para la aplicación de la cláusula del artículo 183 bis del Código Penal.

Estudia, a continuación, el criterio de *proximidad cronológica,* cuestionando la adecuación del referido precepto a las exigencias del principio de legalidad y seguridad jurídica, aportando unas propuestas interpretativas en torno a la simetría y asimetría de edad, en la línea del sentido hermenéutico de la Circular 1/2017, de la Fiscalía General del Estado, justificando la aplicación del artículo 21.7 CP (atenuante analógica) en relación con el artículo 183 bis CP.

Paralelamente, Carlos Fuertes aborda el criterio de *proximidad madurativa* objetando la falta de congruencia del artículo 183 bis CP con los principios de taxatividad y seguridad jurídica, aportando pautas para proceder a la valoración de la proximidad madurativa. Para soslayar los inconvenientes derivados de la misma, que conducen a un plano de grave inseguridad jurídica, con gran agudeza resuelve el problema, proponiendo la aplicación de un método científico, que dote a la decisión judicial de una fundamentación técnica sólida, en atención a la apreciación o no del grado de proximidad madurativa.

En el último Capítulo, el autor expone claramente su posición sobre la *naturaleza jurídica* de la cláusula del artículo 183 bis del Código penal, interpretada en clave de *causa de atipicidad* rebatiendo los planteamientos que la interpretan ya como causa de justificación, ya como excusa absolutoria

Un mérito añadido de la obra que prologo consiste en aportar con valentía una propuesta de regulación de *lege ferenda,* de la cláusula de exención y atenuación de responsabilidad penal por consentimiento del menor. Se propone que la actividad sexual entre jóvenes a partir de cierta edad (sugerida a partir de los 14 años), sea considerada generalmente lícita y al margen de su represión por el Derecho penal, siendo excepcional la aplicación de una cláusula como la del artículo 183 bis CP.

En aras de lograr ese objetivo se exige una reformulación de la cláusula de modo que el criterio cronológico devenga en el punto de referencia único para valorar la licitud del comportamiento consentido. Esto implicaría no solo apreciar la licitud del comportamiento con base exclusivamente en el *criterio cronológico* para diferencias iguales o menores a 2 años, sino extender esta consideración a los comportamientos libremente desarrollados por y entre menores sin diferencias de edad relevantes o manifiestas, que llevarían a indicios claros de diferencias madurativas, sin perjuicio de los matices efectuados en las prácticas de mayor intensidad lúbrica.

En resumen, la cláusula *Cláusula Romeo y Julieta* en el Derecho penal español a través del artículo 183 bis del Código Penal nos invita a reflexionar sobre sobre la frontera de la intervención penal en la protección de la libertad e indemnidad sexuales de los menores, equilibrando la balanza entre la protección y la permisión del libre ejercicio de la sexualidad.

Por todo ello, constituye para mí una enorme satisfacción prologar esta obra que constituirá sin duda un instrumento valioso y obligado para la interpretación de uno de los preceptos más controvertidos del Código penal español, esperando que este prólogo sea el preludio de futuros trabajos tan apasionantes, que permitan consolidar la carrera académica del autor.

En Sevilla, el 24 de marzo de 2024

Antonia Monge Fernández

Catedrática de Derecho Penal

Universidad de Sevilla

Nota del autor

El presente estudio que se presenta al lector constituye un tratamiento monográfico y singularizado de la particular y compleja relación existente entre la libertad e indemnidad sexuales –bienes jurídicos que concebimos complementarios e integrados en el Derecho Penal de una manera actual, a pesar de las sucesivas reformas que en esta materia se han sucedido en los últimos años, especialmente tras la Ley Orgánica 10/2022; y de su "contrarreforma" posterior por la Ley Orgánica 4/2023–, cristalizada en la cláusula del art. 183 bis CP (actualmente, antes de 2022, el art.183 quater CP).

La fórmula empleada, a la que se alude –más por simplificación verbal que por razón literaria– como cláusula "Romeo y Julieta", presente en diversos ordenamientos de nuestro entorno europeo, plantea verdaderos conflictos, fundamentalmente por constituir un vértice en el que coliden la libertad sexual de los menores –que existe, y debe ser reconocida como tal–, junto con una protección adicional o complementaria, que constituye el bien jurídico de la indemnidad sexual. Dicho concepto, que actualmente goza de una desafección por buena parte de la doctrina española, equivalente al mismo entusiasmo con el que se acogió su expresa inclusión en el Código de 1995, –a partir del año 1999–, no ha sido a nuestro juicio ni excluido ni superado por la concepción mayoritaria, en torno a la unidad del bien jurídico protegido de la libertad sexual.

Al menos, no existen a nuestro juicio y como tuvimos ocasión de tratar en otra obra anterior, razones convincentes para suprimir del concepto de la indemnidad sexual en pos de la libertad sexual exclusivamente, que nos permita explicar de manera satisfactoria la protección dispensada al menor de 16 años en el ejercicio de sus experiencias sexuales interactivas, ni para justificar ciertas decisiones del legislador español –particularmente, las referentes a la protección de los menores de edad en aspectos como la pornografía de menores, exhibicionismo o la prostitución, donde se amplía la intervención a 18 años–.

Por tanto, sirva esta introducción del autor como un "aviso a navegantes" sobre la inicial toma de postura, decidida y reflexionada sobre esta cuestión, a la luz de la línea intelectual de mi maestro, el Dr. Boldova Pasamar, de cuyas fuentes conceptuales me nutro a estos efectos.

Él me llevó ayudó a asentar la idea del interés sostener este dualismo en los bienes jurídicos, por razones de fondo, de relevancia y coherencia exegética, tanto antes de la reforma de 2022 como en su actual redacción. La determinación de los bienes jurídicos es algo que trasciende a un mero nominalismo de la rúbrica de un título del Código, y desde luego, la mera eliminación de la dicción en algunos preceptos no es causa suficiente para considerar obsoleta la postura que sostenemos ambos. Al contrario, la indemnidad sexual se manifiesta quizá de una manera más intensa a partir de la propia regulación y del sentido de la tutela penal efectivamente dispensada por el Código, en especial desde la elevación a 16 de la edad de consentimiento y con la presencia de la cláusula del art. 183 bis CP.

Tal precepto, a la par, nos conduce a una dicotomía irrenunciable –incluso, para los que crean en la mera existencia de la libertad sexual como bien jurídico único y suficiente–: el menor de 16 años va a poder consentir –es decir, ejercer una libertad sexual positiva– con una persona y no con otra en razón, no de sus propias condiciones psicofísicas, sino de las que relacionalmente se presenten con el otro integrante. Su "libertad" no es tal en un concepto autónomo, sino que se presenta de forma "relativa", y en esa medida, la libertad sexual no puede ser y no ser al mismo tiempo y en un mismo concepto. La "no libertad" para relacionarse con otras personas, no sustentada en una ausencia de voluntad ni de facultades madurativas del propio sujeto de quien dimana la declaración de voluntad –que, sin embargo, sí sería válida cambiando de pareja, es decir, con otro próximo en edad y desarrollo o madurez–, nos conduce al punto de partida: la indemnidad sexual existe como un bien jurídico autónomo, que se relaciona simbióticamente como un complemento sistemático e irrenunciable con la libertad sexual, si se pretende dar una explicación a tutela penal del ejercicio activo de la sexualidad de los menores en el actual plano normativo sin caer en una tautología.

La concepción sobre el bien jurídico que sostenemos –en plural, al provenir de la línea de mi maestro– implica, innegablemente, el desarrollo expositivo del planteamiento de esta monografía, que benignamente someto a la consideración del lector, como una obra inicial, que no es el fruto de un camino concluso, sino de un devenir investigador que espero poder continuar en su tránsito.

Ahora bien, mi convicción sobre la conveniencia de dicho planteamiento dual, es decir, de la conjugación de la libertad e indemnidad sexual, aunque pueda no ser actualmente mayoritario, se funda en razones más perennes que un mero cambio de rumbo de un legislador que, en esta materia, ha mostrado indicios de una zozobra preocupante, en la que los vaivenes en la regulación de la materia de la tutela penal de la libertad e indemnidad sexuales han alcanzado cotas difícilmente imaginables, generando incluso problemas de aplicación de la ley penal intermedia, que se explicaban en las aulas con dificultad para enunciar ejemplos reales a los que aludir, ante la excepcionalidad de tales supuestos en un sistema penal coherente.

Decía el filósofo cordobés Lucio Anneo Séneca –el Joven–, que "no hay viento favorable para quien no sabe dónde va". Así pues, mi intención era, siguiendo el símil marinero, he tratado con el excurso precedente de marcar claramente "proa" al objetivo intelectual del estudio y contextualizarlo. Ahora, lo someto a la benigna consideración del lector, como una obra de mis obras iniciales en el ámbito de la investigación científica en Derecho penal, de lo que espero que puedan ser más en un futuro.

El Autor

Capítulo I

La edad de consentimiento sexual en España para la aplicación del art. 183 bis CP. Estudio del marco comparado y valoración de la elevación de 13 a 16 años de la edad de consentimiento sexual en nuestro ordenamiento

1. BREVE JUSTIFICACIÓN DEL PLANTEAMIENTO ACERCA DE LA EDAD DE CONSENTIMIENTO SEXUAL Y DE LAS REFERENCIAS AL DERECHO COMPARADO

En la reforma del Código Penal de 2015, por la Ley Orgánica 1/2015, como hemos tenido ocasión de mencionar en momentos precedentes de la exposición, se vino a establecer una nueva edad para poder asumir la validez del consentimiento en materia sexual, en el hito de los 16 años, lo que supuso una drástica elevación en 3 años (desde 13) respecto del momento previo a dicha modificación.

Una variación de tal calado sería razonable pensar que vino amparada en justificaciones profundas, de carácter penal, sociológico o criminológico, que amparen tal determinación. Más allá de un guarismo, con la fijación de la edad de consentimiento sexual se articula un eje cardinal respecto al desarrollo de la personalidad sexual de los adolescentes menores de edad. La fijación de una alteración del límite cronológico para dotar de validez al consentimiento sexual debía responder, idealmente, a una serie de presupuestos esenciales, cuya respuesta determinan la conveniencia y, en su caso, el sentido que ha de adoptar el cambio: ¿debe el Derecho Penal sancionar la actividad sexual de menores de edad?, ¿en qué criterios ha de fundarse el establecimiento de un punto o límite cronológico u otro?, ¿qué se pretende proteger a través de la intervención penal? ¿qué otros bienes pueden verse afectados? Y quizá, una última cuestión, es la de plantear si este límite debe relacionarse con otros hitos que el ordenamiento fija en el desarrollo de las capacidades del menor en su evolución hacia su crecimiento.

Estas debieran ser las hipótesis esperables en una construcción prelegislativa racional. Para alcanzar una meta normativa, es preciso fijar un objetivo, unas fases o etapas y asumir una serie de consecuencias o resultados en el conjunto del "ecosistema normativo".

En un momento como el actual, con una profusión normativa como no se ha conocido en el Derecho penal y con una marcada impremeditación de las consecuencias sistemáticas que conlleva la aprobación de ciertas normas[1], es preciso estudiar retrospectivamente si la elevación de la edad de consentimiento de 13 a 16 años fue una decisión adecuada, desde el plano de su fundamentación técnica, la valoración de sus consecuencias y la coherencia de tal posición, a la luz de otras posturas del propio legislador sobre

1. Véase la muy reciente reforma del Código Penal mediante la LOGILS, de 2022, cuya nueva "contrarreforma", la LO 4/2023, hubo de tramitarse a escasos meses de su entrada en vigor, como paradigma de la inestabilidad de criterio por el legislador español, sumido en una vorágine que parece no encontrar límite.

la capacidad del menor de edad (particularmente, en aspectos que atañen a esferas de la libertad e indemnidad sexuales, como es la cuestión de la asignación y cambio de sexo).

Que el Derecho Penal intervenga para la protección del menor en el ámbito de su desarrollo sexual, como mecanismo de garantía de la formación libre de su personalidad, es un aspecto que responde al consenso, casi unánime, de la sociedad, exceptuándose algunas minoritarias posturas, que hemos tenido ocasión de referenciar en la parte I de esta Tesis.

La pertinencia de proteger a los menores de edad inferior a ciertos límites (variables, según los diversos ordenamientos), superiores a los que marca naturalmente la mera capacidad de discernir[2], responde a preservarles respecto de las interacciones sexuales con terceros, sean o no expresión de un deseo o voluntad natural de dichos menores, por cuanto existe una censura justificada por la existencia de una intrínseca posición de poder, dominio o influencia psicológica que se presume *iuris et de iure* respecto de los adultos que con ellos desarrollen dicha actividad[3].

Existe una desaprobación social mayoritaria respecto de las relaciones sexuales con menores de cierta edad, no porque empíricamente esté acreditada, de forma indefectible, una lesión potencial o actual de su personalidad sexual en sentido estricto. La cuestión estriba en la instrumentalización y capacidad de control que ha de presumirse de un adulto con diferencia de edad y madurez respecto del menor. Tal postura no es, simple o solamente, una cuestión de moral sexual colectiva[4] (es decir, una valoración negativa o "repulsión" hacia la conducta), sino que se ampara también en

2. V. MIR PUIG, S. (2011, p. 531), cuando advierte en la edad de consentimiento sexual una excepción a la exigencia de una capacidad natural suficiente.
3. Como recuerda la STS n.º 411/2006, de 18 de abril (ECLI:ES:TS:2006:2619) el menor, por debajo de la edad de consentimiento (en aquella sentencia, la edad legal era 13 años) *"es incapaz para autodeterminarse respecto del ejercicio de su libertad sexual, negándose toda la posibilidad de decidir acerca de su incipiente dimensión sexual y recobrando toda su fuerza el argumento de la intangibilidad o indemnidad como bien jurídico protegido"*. También sobre esta cuestión, BOLDOVA PASAMAR, M. A. (2021a, p. 18); *ídem* (2023a, pp. 219-222).
4. Asumimos como un hecho indefectible que, en la regulación de los delitos, y particularmente, en los sexuales, la protección penal se sustancia en la valoración y desvaloración de las conductas, en atención a la lesión o puesta en peligro de bienes jurídicos que son especialmente apreciados por la sociedad. Tanto las formas de afección como la propia estimación de tales bienes, se funda, entre otros elementos, en valores morales dominantes o preponderantes. Por ello, aunque la intervención de la moral sexual ha de procurarse que sea absolutamente limitada, en un plano ideal –y así nosotros lo concebimos–, en la praxis tiene un peso destacado en los postulados que sustancian la regulación.

una coherente interpretación de principios constitucionales y de derechos humanos, que el ordenamiento penal está llamado a tutelar en última instancia, como es la dignidad de la persona (en este caso, del menor), cuya instrumentalización sexual sería contraria a tal concepto, así como del deber del Estado, en el marco de los principios rectores de la política social y económica de la Constitución, de preservar a la infancia (art. 39.4 CE y art. 34 del Convenio Internacional de los Derechos del Niño de 1989, de la Organización de las Naciones Unidas; y art. 9 del Convenio de Budapest de 2011, del Consejo de Europa), así como la salud de los ciudadanos (art. 43 CE)[5].

La protección de la indemnidad sexual trata de proteger un desarrollo autónomo del menor, conforme a su naturaleza, intereses y circunstancias. Si bien el ordenamiento no debe garantizar que sea un desarrollo "normal", sino libre de influencias externas nocivas o puedan causar un impacto desestabilizador o que altere la trayectoria propia del individuo, cualquiera que sea el resultado que se llegue a desarrollar en la edad adulta[6]. Dichas relaciones asimétricas se sustancian, por su propia esencia, en una situación de prevalencia del adulto respecto del menor con una diferencia de edad y madurez que les sitúa en una asimetría relacional, en la que el riesgo de perjuicio del menor es suficiente para que el Derecho penal responda mediante la sanción. No es preciso que se evidencie una particular lesión psíquica ni un trastorno en el desarrollo de la sexualidad del menor concretamente involucrado en la acción sexual para entender consumado el delito, puesto que tal resultado no forma parte del tipo. Es un delito en el que se castiga la mera actividad sexual con el menor, no un resultado expreso de lesión de su personalidad sexual.

No obstante, la Ley Orgánica 1/2015, en su exposición de motivos, acude a una justificación en la que no se responden a los interrogantes retóricamente formulados en este epígrafe, sino que se aducen dos razones fundamentales para justificar el incremento de 13 a 16 años como límite de edad de consentimiento sexual, a saber:

1.º) La comparativa con otros países europeos, donde la edad de consentimiento se fija por encima de 13 años –señala la norma que en torno a

5. En el ámbito anglosajón, la cuestión de la pedofilia se enfoca, en diversos estudios, como una cuestión de salud pública. A tal efecto, v. MCCARTAN, K. (2008).

6. Es decir, se pretende preservar al menor de influencias externas que puedan condicionar o afectar el desarrollo de su personalidad sexual, precisamente por la maleabilidad en este ámbito, hasta que el sujeto conforma, de acuerdo con su personalidad y los factores fenotípicos, su escala de preferencias e inclinaciones, como una manifestación de su identidad personal. La relación del concepto de identidad sexual con identidad personal, lo extraemos de LÓPEZ-GALIACHO PERONA, J. (1997, p. 110) y de HERNÁNDEZ GIL, F. (1999, p. 2395).

15 o 16 años–, refiriéndose que España se encontraba entre una de las más bajas de nuestro entorno y del Mundo en aquel momento.

2.º) La recomendación efectuada desde las Naciones Unidas, en concreto, del Comité sobre Derechos del Niño, que aconsejaba esta modificación para mejorar la protección de los menores, especialmente en materia de lucha contra la prostitución infantil.

Precisamente, en atención a la expresa referencia efectuada por la Ley Orgánica a la comparativa del tratamiento normativo en otros Estados, para justificar la necesidad de aproximar nuestro límite de edad de consentimiento a los de aquellos, conviene efectuar una breve referencia comparada al tratamiento del consentimiento sexual en otros ordenamientos.

2. LA EDAD DE CONSENTIMIENTO Y SU REGULACIÓN EN LA LEGISLACIÓN EXTRANJERA

Cada ordenamiento jurídico presenta sus peculiaridades en la regulación de los delitos sexuales contra menores, y en consecuencia, en la fijación de las circunstancias que marcan la licitud de las interacciones sexuales, no necesaria o únicamente cronológicas, sino que pueden verse además implicadas otra clase de cuestiones. Esencialmente, en los modelos confesionales, la existencia de una aprobación o desaprobación religiosa del tipo de relación que se trate, en razón del sujeto activo y pasivo, por razón de su sexo y/o cumplimiento de ciertos elementos o formalidades para validar la relación en el ámbito público, evitando la sanción penal[7].

Por tanto, la exigencia exclusivamente de un umbral cronológico (al que se asocia una correlación madurativa y de desarrollo) es un elemento que se presenta como límite en sistemas de carácter democrático y donde rija una forma de estado aconfesional. En aquellos otros casos en que nos encontremos con Estados de carácter confesional, fruto de la conmixtión entre lo religioso y lo político, se podrán apreciar otra clase de limitaciones a la capacidad de consentimiento sexual no derivadas de la edad de los intervinientes.

En cuanto a la elección de los países cuya referencia se efectúa en este estudio, radica en dos aspectos: en algunos casos, por la honda trayectoria de influjo en el Derecho Penal español (caso especialmente de Alemania, y en menor medida, también de Italia y Francia); en otros, por ocupar posiciones de vanguardia en el tratamiento de la delincuencia sexual a nivel mundial, en la medida de su influencia en otros ordenamientos (nos refe-

7. De sumo interés, el tratamiento de TORRES, K. (2014, pp. 75-98).

rimos, especialmente, a Gran Bretaña, Suecia y Estados Unidos, y en otro nivel pero también relevante, a Canadá).

Por último, la selección del ejemplo de Singapur deriva del interés del suscribiente doctorando por advertir un modelo de "*common law*" en el ámbito asiático, que resulta particularmente interesante por la fusión que presenta entre normas de Derecho Penal de la época colonial británica (es decir, norma arcaica), con la preponderancia consuetudinaria propia del sistema de *common law* a un entorno tan poliédrico en lo sociodemográfico (un crisol de ciudadanos de origen británico –de la época colonial–, chino, indio y malayo, fundamentalmente), que lleva a que el influjo del Derecho británico siga siendo preponderante en el ámbito penal, con adaptaciones propias de la idiosincrasia de un modelo de derecho criminal paradigmáticamente enfocado hacia la prevención general, lo que conduce a particularidades en diversos ámbitos, también en el tratamiento penal del consentimiento sexual y sus caracteres.

2.1. ALEMANIA

El §176. 1 del StGB alemán viene a establecer una edad de consentimiento en 14 años para realizar actos sexuales, como regla general[8]; si bien, extiende la protección en la materia de corrupción de menores hasta los 16 años, e incluso 18 años, en los términos del §180 del mismo texto legal[9].

---

8. §176.1 StGB "*Wer sexuelle Handlungen an einer Person unter vierzehn Jahren (Kind) vornimmt oder an sich von dem Kind vornehmen läßt, wird mit Freiheitsstrafe von sechs Monaten bis zu zehn Jahren bestraft*", *traducción: "Quien realice actos sexuales con una persona menor de 14 años (niño) o haga que el niño realice actos sexuales con ella incurre en pena de prisión de entre seis meses y 10 años*".

9. Dice el §180 del StGB: "*Förderung sexueller Handlungen Minderjähriger.*
(1) Wer sexuellen Handlungen einer Person unter sechzehn Jahren an oder vor einem Dritten oder sexuellen Handlungen eines Dritten an einer Person unter sechzehn Jahren
1.durch seine Vermittlung oder
2.durch Gewähren oder Verschaffen von Gelegenheit
Vorschub leistet, wird mit Freiheitsstrafe bis zu drei Jahren oder mit Geldstrafe bestraft. Satz 1 Nr. 2 ist nicht anzuwenden, wenn der zur Sorge für die Person Berechtigte handelt; dies gilt nicht, wenn der Sorgeberechtigte durch das Vorschubleisten seine Erziehungspflicht gröblich verletzt.
(2) Wer eine Person unter achtzehn Jahren bestimmt, sexuelle Handlungen gegen Entgelt an oder vor einem Dritten vorzunehmen oder von einem Dritten an sich vornehmen zu lassen, oder wer solchen Handlungen durch seine Vermittlung Vorschub leistet, wird mit Freiheitsstrafe bis zu fünf Jahren oder mit Geldstrafe bestraft.
(3) Wer eine Person unter achtzehn Jahren, die ihm zur Erziehung, zur Ausbildung oder zur Betreuung in der Lebensführung anvertraut oder im Rahmen eines Dienst- oder Arbeitsverhältnisses untergeordnet ist, unter Mißbrauch einer mit dem Erziehungs-, Ausbildungs-, Betreuungs-, Dienst- oder Arbeitsverhältnis verbundenen Abhängigkeit bestimmt, sexuelle

2.2. ITALIA

El artículo 609 quater del Código Penal italiano[10], viene a establecer un sistema sumamente interesante en lo referente a la edad de consentimiento.

Handlungen an oder vor einem Dritten vorzunehmen oder von einem Dritten an sich vornehmen zu lassen, wird mit Freiheitsstrafe bis zu fünf Jahren oder mit Geldstrafe bestraft.
(4) In den Fällen der Absätze 2 und 3 ist der Versuch strafbar".
Traducción: §180 Código Penal alemán: *Promoción de actos sexuales de menores.*
(1) Quien se involucre en la realización de actos sexuales con una persona menor de 16 años, o de esta ante un tercero, o acciones sexuales de un tercero ante una persona menor de 16 años
1. a través de su intermediación o
2. a través de la creación o aprovechamiento de una oportunidad,
incurre en pena de prisión por un período de hasta tres años o multa. La frase 1 n.º 2 no es aplicable si el infractor es la persona que tiene el deber de custodia del menor de 16 años. Lo anterior no se aplica si la persona que tiene el deber de cuidado y custodia viola gravemente su deber de cuidado y crianza.
(2) Quien haga que una persona menor de 18 años realice actos sexuales con o en presencia de una tercera persona o consienta actos sexuales realizados por una tercera persona a título oneroso, o quien ayude e incite a tales actos actuando como intermediario incurre en pena de prisión por un período de hasta a cinco años o multa.
(3) Quien haga realizar a una persona menor de 18 años a quien se le encomienda su crianza, educación o cuidado, o que sea su subordinado dentro de una relación de servicio o laboral por abusar de la dependencia asociada a la relación educativa, asistencial, de servicio o laboral, actos sexuales con o en presencia de una tercera persona o consintiere actos sexuales realizados por una tercera persona, incurre en pena de prisión por un período hasta cinco años o multa.
(4) En los casos de los apartados (2) y (3), la tentativa es punible.

10. Fija el artículo 609 quater del señalado texto legal:
"Soggiace alla pena stabilita dall`articolo 609 bis chiunque, al di fuori delle ipotesi previste in detto articolo, compie atti sessuali con persona che. al momento del fatto:
1) non ha compiuto gli anni quattordici;
2) non ha compiuto gli anni sedici, quando il colpevole sia l`ascendente, il genitore anche adottivo, il tutore, ovvero altra persona cui, per ragioni di cura, di educazione, di istruzione, di vigilanza o di custodia, il minore è affidato o che abbia, con quest`ultimo, una relazione di convivenza.
Non è punibile il minorenne che, al di fuori delle ipotesi previste nell`articolo 609 bis compie atti sessuali con un minorenne che abbia compiuto gli anni tredici, se la differenza di età tra i soggetti non è superiore a tre anni.
Nei casi di minore gravità la pena è diminuita fino a due terzi.
Si applica la pena di cui all`articolo 609 ter, secondo comma, se la persona offesa non ha compiuto gli anni dieci".
Traducción:
"Todo aquel que realice actos sexuales con una persona, fuera de los casos previstos en dicho artículo, está sujeto a la sanción que establece el artículo 609 bis. en el momento del hecho:
1) no ha cumplido los catorce años;
2) es menor de dieciséis años, cuando el culpable sea el ascendiente, el progenitor, incluso el adoptivo, el tutor, u otra persona a la que, por motivos de cuidado, educación, instrucción, supervisión o custodia, el menor sea confiado o que tiene, con este último, una relación de convivencia.

Por una parte, fija una edad mínima de consentimiento sexual en los 13 años de edad, cuando el otro integrante de la relación sexual no sea mayor de tres años (es decir permite las relaciones sexuales entre adolescentes).

Por demás, establece un límite en la edad de 14 años (en ese caso, no se valora la diferencia de edad con del menor con el *partenaire*), fijándose en 16 años la edad para entender válido el consentimiento, en los casos en que el culpable sea progenitor, el ascendiente incluso el adoptivo, el tutor, u otra persona a la que, por motivos de cuidado, educación, instrucción, supervisión o custodia, sea confiado el menor o que tenga, con este último, una relación de convivencia.

En último término, para reforzar la protección de los menores de corta edad de conductas de pederastia, se establece una modalidad punitiva cualificada, en el caso de que el menor que sea víctima tenga una edad inferior a 10 años. Por su parte, el artículo 609 quinquies[11] del mismo texto, fija la edad de protección de la corrupción de menores en 14 años.

2.3. FRANCIA

Se fija en el Código Penal francés, en su art. 227-25, una edad de consentimiento sexual en 15 años[12]. A la par, se extiende la protección de los menores en el ámbito de la corrupción de menores hasta la edad de 18 años, en el art. 227-27 del mismo texto[13]. Señala a tal efecto Véron (2015, p.

El menor que, fuera de los supuestos previstos en el artículo 609 bis, realice actos sexuales con un menor que haya cumplido trece años, no es sancionado si la diferencia de edad entre los sujetos no supera los tres años.
En casos menos graves, la pena se reduce hasta en dos tercios.
La pena a que se refiere el artículo 609 ter, segundo párrafo, se aplica si el ofendido no ha cumplido los diez años".

11. Establece el Artículo 609 quinquies del Codice Penal italiano, en su versión de 2020, sobre "*Corruzione di minorenne*" "*Chiunque compie atti sessuali in presenza di persona minore di anni quattordici, al fine di farla assistere, é punito con la reclusione da sei mesi a tre anni*".
Traducción: "*El que realice actos sexuales en presencia de una persona menor de catorce años, con fin de hacerle asistir a estos, es castigado con prisión de seis meses a tres años*".

12. Fija el art. 227-25 que "*Le fait, par un majeur, d'exercer sans violence, contrainte, menace ni surprise une atteinte sexuelle sur la personne d'un mineur de quinze ans est puni de cinq ans d'emprisonnement et de 75 000 euros d'amende*".
Traducción: "*El hecho, por parte de un mayor, de ejercer sin violencia, coacción, amenaza o sorpresa una agresión sexual a la persona de un menor de quince años es sancionado con cinco años de prisión y una multa de 75.000 euros*".

13. Dice así dicho precepto:
"*Les atteintes sexuelles sans violence, contrainte, menace ni surprise sur un mineur âgé de plus de quinze ans sont punies de trois ans d'emprisonnement et de 45 000 € d'amende*

279)[14], cómo la jurisprudencia francesa viene a admitir el error en cuanto a la cualidad de la edad como factor excluyente de la represión criminal, si ha sido provocado por el propio menor o es plausible tal supuesto de error[15]. Conviene destacar, como lo hace André (2021, p. 167)[16], la modificación operada en 2021 en materia de incesto y protección a los menores en el ámbito de los delitos sexuales en Francia, que si bien no afecta estrictamente a la cuestión del límite de edad, sí supone una mayor intervención en la regulación de ciertas figuras (como los abusos incestuosos, aún vigentes en Francia[17]).

Autores como Dreyer (2021, pp. 444 y ss.)[18] sostienen que el Derecho Penal francés está dejando paso, o conjugándose con especial intensidad, con un *corpus* de Derecho penal europeo, que se deja sentir en las últimas reformas legislativas en el Código Penal, cada vez más inspiradas en el peso de las directivas en esta materia.

No obstante, como sucede también en España, la transposición[19] en materia penal, en la práctica, se está tornando en actos de mera traducción –además inexacta, en no pocas ocasiones– que puede afectar notablemente a las estructuras lógicas y sistemáticas de los Códigos Penales nacionales.

1° Lorsqu'elles sont commises par un ascendant ou par toute autre personne ayant sur la victime une autorité de droit ou de fait;
2° Lorsqu'elles sont commises par une personne qui abuse de l'autorité que lui confèrent ses fonctions".
Traducción: "*El abuso sexual sin violencia, coacción, amenaza o sorpresa a un menor de quince años se castiga con tres años de prisión y una multa de 45.000 €:*
1 ° Cuando sean cometidos por un ascendiente o por cualquier otra persona que tenga autoridad de derecho o de hecho sobre la víctima;
2 ° Cuando los cometa quien abuse de la autoridad que le confieren sus funciones".

14. V. VÉRON, M. (2015).
15. A tal efecto, véase como cita el autor antes referido, en Francia, la sentencia de la Cour de Cassation, Chambre Criminelle, de 7 de Febrero de 1957, publicada en el Boletín n.º 186.
16. V. ANDRÉ, C. (2021).
17. Respecto de esta concreta materia, son provocadores los planteamientos de BREY, I. y DROUAR, J. (Eds.). (2022, p. 75), que presentan la criminalización del incesto en Francia como una cuestión ligada a una vulnerabilidad del menor que no se produce por naturaleza, sino producto de las instituciones sociales.
18. V. DREYER, E. (2021).
19. Esto es, la actividad desarrollada por los Estados Miembros, en la que se incorpora a su ordenamiento los resultados normativos finales determinados por los órganos legislativos de la Unión en las directivas. Recordemos que, conforme al art. 288 TFUE, se deja al libre arbitrio de los Estados Miembros el modo de incorporar tales elementos a su sistema. Sobre la forma y condiciones de esta actividad, se han pronunciado diversos órganos consultivos [v. Pour une meilleure insertion des normes communautaires dans le droit national. (2007). En *Conseil d'Etat-República Francesa;* Consejo

A tal efecto, presenta la incorporación del Derecho de la Unión, a través de los instrumentos de eficacia indirecta –de los que las Directivas son ejemplo– lo que entendemos como un cierto "efecto paradójico" en los ordenamientos nacionales. Por una parte, los sistemas nacionales se someten, a partir de esta clase de normas, a unas fuerzas centrífugas que cada vez tienden más a la unidad normativa –que no a una homogeneidad de mínimos[20]–; mientras que también existen otras centrípetas, que dan lugar a unas diferencias cada vez más acusadas dentro del propio sistema normativo de cada Estado en materia penal, al cuestionar los principios codificadores con una incesante sucesión de reformas parciales.

Tal situación hace caminar a los textos penales de los estados europeos hacia una "descodificación" en sentido material, puesto que, aunque formalmente siguen conservándose estructuras únicas, el modelo se acerca peligrosamente a la mera compilación de trasposiciones normativas supranacionales.

2.4. REINO UNIDO DE GRAN BRETAÑA E IRLANDA DEL NORTE[21]

En Escocia, el texto legal de referencia es la Sexual Offences Act de 2009, en la redacción vigente desde el 1 de diciembre de 2010, donde se establecen

de Estado- España. (2008). *El informe del Consejo de Estado sobre la inserción del derecho europeo en el ordenamiento español. Centro de Estudios Políticos y Constitucionales*] y voces destacadas de la doctrina, como ALONSO GARCÍA, R. (2008, pp. 7-17); ARZOZ SANTISTEBAN, X. (2003, pp. 75-147).

20. Justificamos nuestra afirmación en tanto que, de una exégesis conjunta de las últimas Directivas aprobadas por la Unión Europea, el los diversos ámbitos normativos, se aprecia a nuestro juicio un común elemento denominador, y es el del mayor detallismo en los resultados que se imponen a los Estados, transformándose en su sentido de una norma de "mínimos" a una de "máximos" comunes. Aspectos tales, en Derecho penal, como la determinación de marcos mínimos de penas en algunas figuras, o la fijación de cauces procesales con plazos comunes en todo el ámbito europeo, entendemos que descienden a cuestiones de detalle que en otro tiempo no se habrían producido, y que evidencian una tendencia acusada al empleo de las Directivas con una proximidad en su contenido a otros instrumentos que sí son directamente vinculantes (y de los que cabe esperar tal tipo de redacción, por su esencia), como los Reglamentos.

21. El análisis en el presente estudio, se comenzó a realizar, respecto de estos países, en el marco de su pertenencia a la Unión Europea, sufriéndose durante la dilatada redacción, el fenómeno del "*Brexit*", siendo el primer país que abandona la Unión Europea en toda la historia de la institución. Ello no implica que, desde un punto de vista conceptual, por la honda influencia una buena parte de las normas del derecho continental del modelo británico de regulación de los delitos sexuales, de cuyo tratamiento existe consenso en considerarles pioneros –cuestión distinta es que su enfoque de intervención penal sea el adecuado–debamos prescindir de tales referencias, máxime en tanto que existen también a otros países ajenos al ámbito de la Unión Europea que se están analizando, y por cuanto, aunque es cierto que en el ámbito normativo de la Unión Europea, la influencia directa del citado país en los

tres edades límites para consentimiento sexual: Un límite absoluto, en la edad de 13 años, por debajo de la cual no cabe interacción sexual alguna que no sea criminalmente censurable, según la Sección 21 de dicho texto legal[22].

De 13 a 16 años, marco en el que cabe mantener ciertas interacciones (podríamos entender, a modo explicativo, de baja intensidad lúbrica), entre sujetos comprendidos en dicha franja de edad, siempre que sean, por supuesto, libres y voluntarias, y que no sean relaciones de cópula, sexo oral o anal, como viene a deducirse de la Sección 28 del mismo texto[23].

Resulta realmente sorprendente la posibilidad de la comisión del delito sexual por imprudencia, es decir, porque exista una penetración no intencionada, un aspecto este que pretende extender el manto punitivo en todo lo posible, incluso hasta ese límite que llega a lo artificioso, en la medida de la extraordinaria dificultad de encontramos para explicar, desde el plano

---

textos de derecho derivado ya no va a ser directa, al no ser una de las partes intervinientes, apostamos por una mantenida –e incluso, creciente– ponderación de sus criterios en las normas futuras, puesto que las líneas cardinales de la intervención penal en la protección de la libertad e indemnidad sexuales que se prevén –basta con analizar el texto del Proyecto de Directiva de 2023 en materia de violencia contra la mujer– y la propia exégesis de normas vigentes –la Circular 1/2023, de Fiscalía General del Estado– tienden hacia planteamientos maximalistas en la intervención penal, diluyéndose paulatinamente la relevancia de los factores subjetivos en los delitos sexuales, en pos de cuestiones de carácter objetivo. La presencia de conceptos como la "ignorancia deliberada" o la tendencia a la valoración del consentimiento desde el parámetro de una norma de cuidado, nos llevan a entender el triunfo de los postulados clásicamente defendidos por países como Reino Unido y los escandinavos, fundamentalmente.

22. Señala la norma: "*If a person ("A") intentionally causes a child ("B") who has not attained the age of 13 years to participate in a sexual activity, then A commits an offence, to be known as the offence of causing a young child to participate in a sexual activity"*.
Traducción: "*Si una persona ("A") provoca intencionalmente que un niño ("B") que no ha cumplido los 13 años participe en una actividad sexual, entonces A comete un delito, que se conoce como el delito de provocar a un niño pequeño participar en una actividad sexual"*.

23. Se indica en dicho precepto: "*If a person ("A"), who has attained the age of 16 years, with A's penis, penetrates to any extent, either intending to do so or reckless as to whether there is penetration, the vagina, anus or mouth of a child ("B"), who—*
(a)has attained the age of 13 years, but
(b)has not attained the age of 16 years, then A commits an offence, to be known as the offence of having intercourse with an older child."
Traducción: "*Si una persona ("A"), que ha cumplido 16 años, con el pene de A, penetra en cualquier medida, ya sea con la intención de hacerlo o imprudentemente en cuanto a si hay penetración, la vagina, el ano o la boca de un niño ("B"), quien—*
(a) ha cumplido 13 años, pero
(b) no ha cumplido los 16 años, entonces A comete un delito, que se conoce como el delito de tener relaciones sexuales con un niño mayor".

del delito imprudente, la mecánica sexual, donde una penetración por inobservancia de un teórico deber normativo de cuidado o un patrón de conducta estandarizado resulta inasequible a nuestra forma de concebir esta clase de delitos.

Un tercer límite, fijado en la edad de 18 años, protegiéndose en esos casos al menor de dicha edad respecto de relaciones con personas en las que medie una relación de confianza, entendida como una posición de garantía o cuidado, preservándose al menor de que se obtenga su anuencia, precisamente, por el prevalimiento de tal vínculo. Esta cuestión se regula en las secciones 42 y siguientes del mismo texto[24].

En el resto del Reino Unido, rige la Sexual Offences Act de 2003, de cuyas secciones 5[25], 9[26] y 13, podemos extraer, en una imbricada regulación, las siguientes conclusiones o consideraciones:

- Se viene a establecer una edad de consentimiento en 16 años.

---

24. En concreto, la base delictiva se configura en la Sección 42, cuando se señala: "*If a person ("A") who has attained the age of 18 years—*
(a)intentionally engages in a sexual activity with or directed towards another person ("B") who is under 18, and
(b)is in a position of trust in relation to B,
then A commits an offence, to be known as the offence of sexual abuse of trust".
Traducción: "*Si una persona ("A") que ha alcanzado la edad de 18 años:*
(a) participa intencionalmente en una actividad sexual con o dirigida hacia otra persona ("B") que sea menor de 18 años, y
(b) está en una posición de confianza en relación con B, entonces A comete un delito, que se conocerá como delito de abuso sexual de confianza".

25. Sección 5: "*A person commits an offence if—*
(a)he intentionally penetrates the vagina, anus or mouth of another person with his penis, and
(b)the other person is under 13.
(2)A person guilty of an offence under this section is liable, on conviction on indictment, to imprisonment for life"
Traducción: "Una persona comete un delito si:
(a) Penetra intencionalmente la vagina, el ano o la boca de otra persona con su pene, y
(b) la otra persona es menor de 13 años.
(2) Una persona culpable de un delito en virtud de esta sección es susceptible, en el momento de la condena o la acusación, a cadena perpetua".

26. Sección 9: "*A person aged 18 or over (A) commits an offence if—*
(a)he intentionally touches another person (B),
(b)the touching is sexual, and
(c)either—
(i)B is under 16 and A does not reasonably believe that B is 16 or over, or
(ii)B is under 13.

- Se establece, no obstante, como límite de protección reforzada, para los menores de 13, pudiendo llegar a la cadena perpetua la respuesta jurídica ante el delito sexual con penetración al menor de 13 años, sin necesidad de que concurra violencia o intimidación.

- En cuanto a su aplicación, resulta relevante la nota explicativa de la propia norma, en la que el legislador británico establece una importante precisión a los efectos que nos ocupan, respecto de la prosecución de las conductas sexuales llevadas a cabo con menores

---

(2)A person guilty of an offence under this section, if the touching involved—
(a)penetration of B's anus or vagina with a part of A's body or anything else,
(b)penetration of B's mouth with A's penis,
(c)penetration of A's anus or vagina with a part of B's body, or
(d)penetration of A's mouth with B's penis,
is liable, on conviction on indictment, to imprisonment for a term not exceeding 14 years.
(3)Unless subsection (2) applies, a person guilty of an offence under this section is liable—
(a)on summary conviction, to imprisonment for a term not exceeding 6 months or to a fine not exceeding the statutory maximum or both;
(b)on conviction on indictment, to imprisonment for a term not exceeding 14 years."
Traducción: "*Una persona de 18 años o más (A) comete un delito si:*
(a) toca intencionalmente a otra persona (B),
(b) el toque es sexual, y
(c) ya sea
(i) B tiene menos de 16 años y A no cree razonablemente que B tenga 16 años o más, o
(ii) B tiene menos de 13 años.
(2) Una persona culpable de una ofensa bajo esta sección, si el contacto involucró:
(a) penetración del ano o la vagina de B con una parte del cuerpo de A o cualquier otra cosa,
(b) penetración de la boca de B con el pene de A,
(c) penetración del ano o la vagina de A con una parte del cuerpo de B, o
(d) la penetración de la boca de A con el pene de B
está sujeta, en caso de condena o acusación, a prisión por un período no superior a 14 años.
(3) A menos que se aplique la subsección (2), una persona culpable de un delito según esta sección es responsable:
(a) en condena sumaria, a prisión por un período no mayor de 6 meses o a una multa que no exceda el máximo legal o ambas;
(b) en caso de condena por acusación formal, a pena de prisión por un período no superior a 14 años".

27. Sección 13: (1)*A person under 18 commits an offence if he does anything which would be an offence under any of sections 9 to 12 if he were aged 18.*
(2)A person guilty of an offence under this section is liable—
(a)on summary conviction, to imprisonment for a term not exceeding 6 months or a fine not exceeding the statutory maximum or both;
(b)on conviction on indictment, to imprisonment for a term not exceeding 5 years.
Traducción: "(1) *Una persona menor de 18 años comete un delito si hace algo que sería un delito según cualquiera de las secciones 9 a 12 si tuviera 18 años.*
(2) Una persona culpable de un delito bajo esta sección es responsable:
(a) en condena sumaria, a prisión por un período no mayor de 6 meses o una multa que no exceda el máximo legal o ambas;
(b) en caso de acusación formal, a pena de prisión no superior a 5 años".

de 16 años por menores de edad, fijándose el criterio de los Fiscales de la Corona, de acuerdo con su Código de actuación[28]. En estos descansa pues, no solo el ejercicio de la acción penal, que les es propia, sino la ponderación de una serie de factores para el análisis jurídico-penal del interés de tutela pública e de la intervención punitiva del Estado, como son la edad de las partes, su madurez (nótese la influencia de estos conceptos en nuestra legislación vigente), la voluntariedad y la inexistencia de vicios en el consentimiento o el abuso de confianza, entre otros aspectos.

En este sentido, resulta interesante los elementos clave para la valoración que ofrecen Laws / Lees (2007, p. 293)[29], y que citamos textualmente:

"1.- El consentimiento es irrelevante.

2.- Existe una defensa en la creencia razonable de que el niño tiene 16 años o más. Esto no se aplica cuando el niño es menor de 13 años.

3.- No es elemento de defensa que se trate de matrimonios legalmente establecidos (de extranjeros), donde una de las partes sea menor de 16 años".

Respecto de este último extremo, la cuestión de la existencia de un matrimonio entre víctima y agresor, para la jurisprudencia británica, hasta

28. Dice textualmente el comentario a la sección 13 de la Sexual Offences Act de 2003, literalmente:
Section 13 makes it an offence for a person aged under 18 to do anything that would be an offence under any of sections 9 to 12 if he were aged 18 or over. The purpose of this section is to provide a lower penalty where the offender is aged under 18. In practice (although there is no provision about this in the Act) decisions on whether persons under 18 should be charged with child sex offences will be made by Crown Prosecutors in accordance with the principles set out in the Code for Crown Prosecutors. In deciding whether it is in the public interest to prosecute these offences, where there is enough evidence to provide a realistic prospect of conviction, prosecutors may take into consideration factors such as the ages of the parties; the emotional maturity of the parties; whether they entered into a sexual relationship willingly; any coercion or corruption by a person; and the relationship between the parties and whether there was any existence of a duty of care or breach of trust.
Traducción: "*El artículo 13 tipifica como delito que una persona menor de 18 años haga algo que sería un delito, según los artículos 9 a 12, si tuviera 18 años o más años. El propósito de esta sección es proporcionar una pena menor cuando el delincuente sea menor de 18 años. En la práctica (aunque no hay ninguna disposición al respecto en la ley), las decisiones sobre si las personas menores de 18 años deben ser acusadas de delitos sexuales contra menores las tomarán los Fiscales de la Corona, de conformidad con los principios establecidos en el Código de Fiscales de la Corona. Al decidir si es de interés público enjuiciar estos delitos, cuando existen pruebas suficientes para ofrecer una perspectiva realista de condena, los fiscales pueden tener en cuenta factores como la edad de las partes; la madurez emocional de las partes; si entablaron una relación sexual voluntariamente; cualquier coerción o corrupción por parte de una persona; y la relación entre las partes y si existió algún deber de diligencia o abuso de confianza".*
29. V. LAWS, E. / LEES, P. (2007).

1991, fue un elemento preponderante para negar relevancia criminal al posible delito sexual acaecido en el seno de dicha relación afectiva, salvo que existiera un *decree nisi*[30] *o* una orden judicial de cesación de convivencia marital[31].

La Cámara de los Lores dictó en 1991 una regulación que acaba con esa tradición normativa, según MARTIN (2014, p.200)[32], ateniendo a los cambios en el estatus de la mujer, la relación de igualdad entre cónyuges en el matrimonio y el concepto de la ilicitud, que también sufre una evolución.

También es relevante en nuestro ámbito advertir que el mismo órgano, en emisión de su postura[33], en 2008, se ha pronunciado sobre la adecuación a la norma (Sexual Offences Act de 2003) para la persecución penal, en el caso de que tanto sujeto activo como pasivo sean menores de 18 años, en atención al art. 8 del CEDH, en cuanto al respeto al derecho a la vida privada[34].

Por último, no podemos dejar de señalar que la misma Cámara tiene asentado los casos de agresión sexual a menores de 13 años como supuestos de *strict liability* (responsabilidad objetiva), y se requiere la ausencia de prueba razonable del conocimiento del autor sobre la edad del sujeto pasivo entre 13 y 16 años, como refieren ALLEN / EDWARDS (2021, pp. 502-503)[35].

2.5. CANADÁ

La edad de consentimiento sexual en Canadá, se fijaba, hasta la modificación introducida en su Código Penal, por la *Tackling Violent Crime Act* de 2008, en 14 años, cuando se eleva a 16 años, modificándose el Código penal canadiense a tal efecto, en su artículo 150.1.(1), que viene a establecer una irrelevancia general del consentimiento del menor de dicha edad[36].

30. Primer paso para obtener legalmente el divorcio, en el que el órgano jurisdiccional no aprecia causa por la que no se pueda incoar y continuar el proceso de divorcio, en la legislación británica de 1973. Véase en el caso de *Regina vs. O'Brien* de 1974, de la Corte de la Corona de Bristol.
31. Así se aprecia en el caso *Regina vs. Clarke* de 1949.
32. Sobre estas cuestiones profundiza MARTIN, J. (2014).
33. Actúa, en el sistema británico, como última instancia penal, mediante los *Lords of Appeal in Ordinary*.
34. V. Caso "G [2008] UKHL 37", disponible en https://publications.parliament.uk/pa/ld200708/ldjudgmt /jd080618/rvg-1.htm
35. V. ALLEN, M. y EDWARDS, I. (2021).
36. Dice el art. 150.1 del Código penal canadiense de 1985, tras la modificación de 2008, por la meritada Ley, lo siguiente: "*Subject to subsections (2) to (2.2), when an accused is charged with an offence under section 151 or 152 or subsection 153(1), 160(3) or 173(2) or is*

No obstante, el propio texto criminal regula unos rangos de edad, donde el consentimiento entre personas de edades próximas puede tener efectos eximentes de la responsabilidad criminal:

- Si el menor tiene 12 o 13 años de edad, puede consentir sexualmente interactuar con una persona que no tenga más de 2 años de edad que el citado, siempre que no medie una relación de autoridad entre ellos, o de dependencia o explotación, según el art. 150.1.(2) del mismo cuerpo legal[37].

- Si el menor tiene 14 o 15 años de edad, se amplía el rango de personas con quien pueden mantener relaciones, dotándose de validez al consentimiento cuando el otro integrante de la relación no tenga más de 5 años de diferencia, y, nuevamente, no medie una relación de autoridad entre ellos, o de dependencia o explotación, conforme al art. 150.1.(2.1) del texto[38]. Se establece la posibilidad de relevancia penal del error del sujeto activo sobre la edad del menor de 16 años,

---

charged with an offence under section 271, 272 or 273 in respect of a complainant under the age of 16 years, it is not a defence that the complainant consented to the activity that forms the subject-matter of the charge".
Traducción: "*Sujeto a las subsecciones (2) a (2.2), cuando a un acusado le es imputado de un delito según la sección 151 o 152 o la subsección 153 (1), 160 (3) o 173 (2) o es acusado de un delito según la sección 271, 272 o 273 con respecto a un denunciante menor de 16 años, no es una defensa que el denunciante haya dado su consentimiento a la actividad que constituye el objeto del cargo*".

37. Dice el art. 150.1.(2) del mismo texto que: "*When an accused is charged with an offence under section 151 or 152, subsection 173(2) or section 271 in respect of a complainant who is 12 years of age or more but under the age of 14 years, it is a defence that the complainant consented to the activity that forms the subject-matter of the charge if the accused*
(a) is less than two years older than the complainant; and
(b) is not in a position of trust or authority towards the complainant, is not a person with whom the complainant is in a relationship of dependency and is not in a relationship with the complainant that is exploitative of the complainant".
Traducción: "*(2) Cuando un encausado es acusado de un delito según la sección 151 o 152, la subsección 173 (2) o la sección 271 con respecto a un denunciante que tiene 12 años o más pero menos de 14 años, es una defensa que el denunciante consintió en la actividad que constituye el objeto del cargo si el imputado*
(a) es menos de dos años mayor que el denunciante; y
(b) no se encuentra en una posición de confianza o autoridad hacia el denunciante, no es una persona con quien el denunciante tenga una relación de dependencia y no tenga una relación con el denunciante que explote al denunciante".

38. Dice así: "*(2.1) If an accused is charged with an offence under section 151 or 152, subsection 173(2) or section 271 in respect of a complainant who is 14 years of age or more but under the age of 16 years, it is a defence that the complainant consented to the activity that forms the subject-matter of the charge if the accused*

únicamente si ha tomado todas las medidas razonables para determinar la edad del mismo[39].

- En todo caso, se protege a los menores de 18 años de las relaciones en las que, entre el menor y el otro integrante, medie un nexo de autoridad, dependencia o cualquier relación de explotación.

  Cuando hablamos de una relación "explotación", en el concepto en la norma sustantiva penal canadiense, se califica como tal aquellas relaciones en las que existe un prevalimiento del sujeto de mayor edad, atendiendo a una serie de factores como son: la edad del menor, la diferencia de edad con el menor, cómo se desarrolló la relación (si el contacto inicial fue cibernético, por ejemplo; o personal), y por último, si la pareja pudo haber controlado o influenciado al menor para el desarrollo de la práctica sexual[40].

2.6. SUECIA

La edad para la validez del consentimiento sexual en Suecia es de 15 años; si bien, la protección se amplía hasta los 18 años, cuando medie entre

---

Dice así: "(2.1) *If an accused is charged with an offence under section 151 or 152, subsection 173(2) or section 271 in respect of a complainant who is 14 years of age or more but under the age of 16 years, it is a defence that the complainant consented to the activity that forms the subject-matter of the charge if the accused-->*
(a) is less than five years older than the complainant; and
(b) is not in a position of trust or authority towards the complainant, is not a person with whom the complainant is in a relationship of dependency and is not in a relationship with the complainant that is exploitative of the complainant".
Traducción: "(2.1) *Si un acusado es acusado de un delito según la sección 151 o 152, la subsección 173 (2) o la sección 271 con respecto a un denunciante que tiene 14 años o más pero menos de 16 años, es una defensa. que el denunciante consintió en la actividad que constituye el objeto del cargo si el imputado*
(a) es menos de cinco años mayor que el denunciante; y
(b) no se encuentra en una posición de confianza o autoridad hacia el denunciante, no es una persona con quien el denunciante tenga una relación de dependencia y no tenga una relación con el denunciante que explote al denunciante".

39. Véase en el art. 150.1. (4), cuando señala: "*It is not a defence to a charge under section 151 or 152, subsection 160(3) or 173(2), or section 271, 272 or 273 that the accused believed that the complainant was 16 years of age or more at the time the offence is alleged to have been committed unless the accused took all reasonable steps to ascertain the age of the complainant".* Traducción: "*No es una defensa a un cargo bajo la sección 151 o 152, subsección 160 (3) o 173 (2), o la sección 271, 272 o 273 que el acusado creía que el denunciante tenía 16 años de edad o más en el momento en que Se alega que se ha cometido el delito a menos que el acusado haya tomado todas las medidas razonables para determinar la edad del autor*".

40. Sobre esta cuestión, en la web oficial del Gobierno de Canadá. Age of Consent to Sexual Activity. Department of Justice- Canada. Recuperado 27 de abril de 2023, de https://www.justice.gc.ca/eng/rp-pr/other-autre/clp/faq.html

la víctima y el sujeto activo una relación de parentesco (por línea recta, es decir, que el victimario sea ascendiente del sujeto pasivo del delito) o, no siéndolo, esté encomendada a dicha persona la crianza o educación de aquel menor.

Se trata de una censura a la relación incestuosa o donde exista una relación de dependencia o preponderancia del adulto sobre el menor, que se entiende que afecta a la capacidad de consentir válidamente la involucración en la relación sexual. Lo anterior, se regula en el Código Penal sueco (Brottsbalk, de 1965), en su regulación vigente de la Sección 4 del capítulo 6 del mismo[41].

No obstante, nuevamente, se introduce en el Código penal sueco, como en otros casos, una cláusula correctora (al estilo del art. 183 bis de nuestra ley sustantiva criminal), en la Sección 14 del mismo capítulo antes circunstanciado[42].

Debemos hacer referencia a que se trata de la cláusula que guarda mayor similitud con la adoptada en el modelo de nuestro vigente Código Penal, en la combinación del factor de edad y del grado de desarrollo. Si bien, no hace una referencia expresa a la madurez, es un cierto epíteto, en lo que a la esfera mental se refiere, en tanto que la "madurez" se constituye sobre la base del desarrollo de la personalidad.

---

41. Cuando se señala: "*A person who engages in a sexual act with someone under eighteen years of age and who is that person's offspring or for whose upbringing he or she is responsible, or for whose care or supervision he or she is responsible by decision of a public authority, shall be sentenced for sexual exploitation of a minor to imprisonment for at most four years. This also applies to a person who, in circumstances other those mentioned previously in this Chapter, engages in a sexual act with a child under fifteen years*".
Traducción: "*Una persona que participa en un acto sexual con alguien menor de dieciocho años de edad y quién es la descendencia de esa persona o del que su crianza sea responsable, o de cuyo cuidado o supervisión, él o ella, es responsable por decisión de un público autoridad, será condenado por explotación sexual de un menor a prisión por un máximo de cuatro años. Esto también se aplica a una persona quien, en circunstancias distintas a las mencionadas anteriormente en este Capítulo, se involucra en un acto sexual con un menor de quince años*".
42. Dice, literalmente: "*A person who has committed an act under Section 5 or Section 6, first paragraph against a child under fifteen years of age, or under Section 8, first paragraph or Section 10, first paragraph is not held responsible if it is obvious that the act did not involve an assault on the child in view of the slight difference in age and development between the person who committed the act and the child, and the other circumstances*".
Traducción: "*Una persona que ha cometido un acto bajo la Sección 5 o Sección 6, primer párrafo contra un niño menor de quince años, o bajo la Sección 8 primer párrafo, o la Sección 10 primer párrafo, no es responsable si es obvio que el acto no implica un atentado contra ese niño, en vista de la escasa diferencia en edad y desarrollo, entre la persona que cometió el acto y el niño, y las demás circunstancias*".

2.7. ESTADOS UNIDOS DE AMÉRICA

Sería inabarcable para el objeto del estudio profundizar en cada uno de los cincuenta y un sistemas penales de Estados Unidos, ya que los delitos sexuales no son delitos federales (que se regulan en el Título 18.º de Código de los Estados Unidos), y por ende, su concreta regulación deriva del cada peculiar legislador estatal.

Ello no impide, sin embargo, que se pueda hablar de una dispersión absoluta de criterios y que no se puedan extractar, a los efectos ilustrativos que nos ocupan, unas someras consideraciones[43].

En primer lugar, el rango de la edad de consentimiento, varía entre los 16 a 18 años, siendo predominante el número de Estados federados que abogan por la menor de dichas edades (concretamente, 32 de los 50 estados). La edad de 18, se establece, no obstante, en estados muy relevantes en densidad poblacional, con tendencias políticas de todo signo (desde estados tendencial o tradicionalmente más progresistas, como el de Nueva Jersey; a estados con una raigambre más conservadora, como Utah; a estados poco definidos en las elecciones históricamente, como Florida, donde ha habido una alternancia de sensibilidades políticas en las distintos comicios las últimas 4 décadas). En valor numérico absoluto, eso sí, representan una minoría, frente a la mayoritaria apuesta por una edad de consentimiento de 16 años.

En segundo lugar, las cláusulas de exención de responsabilidad criminal basadas en la proximidad en edad a la que diversas fuentes se han denominado, coloristamente, cláusulas "Romeo y Julieta"[44], y que en general, en Estados Unidos, se les conoce bajo el concepto "Close-In-Age-Exemption" en el marco del delito de Statutory Rape, es decir, del abuso sexual del mayor de edad al menor de edad.

En cuanto a la cláusula de validez del consentimiento sexual por razón de proximidad de edad, y grado de desarrollo o madurez, no encontramos un patrón mayoritario, sino una paridad prácticamente entre los estados favorables a las cláusulas "Close-In-Age Exemptión" (cláusulas CIAE),

43. A estos efectos, resulta muy interesante por gráfico y actualizado, el análisis que se efectúa en la web United States Age of Consent Laws By State. (s. f.). *Age of Consent USA*. Recuperado 27 de abril de 2023, de https://www.ageofconsent.net/states

44. Esa denominación ha tenido acogida, no por su rigor técnico, siquiera literariamente, sino por permitir una conceptuación abreviada y divulgativa de la idea. Se halla presente en textos como en Fiscalía General del Estado (España). (2017). Circular (N.º 1/2017); en obras científicas como en RAMOS VÁZQUEZ, J. A. (2017, pp. 113-128); o en MORILLAS FERNÁNDEZ, D. L. (2015, pp. 461 y ss.); e incluso en textos legales, cuyo sobrenombre ha permitido esa generalización, como la Ley del Estado de Texas.

donde son 26 de los 50 estados los que las regulan de alguna forma, frente a 24 donde no se admiten tales fórmulas.

A título exclusivamente ejemplificativo, podemos señalar el sistema criminal de Texas, donde el Texas Penal Code (§22.021)[45], viene a establecer que, los menores de 14 a 17 años, pueden consentir válidamente siempre que no haya diferencia superior a tres años con el otro integrante de la relación sexual. Por debajo de 14 años, sin embargo, no se admite la validez del consentimiento, bajo ninguna circunstancia, y se fija una edad de consentimiento libre en 17 años de edad (un punto intermedio entre 16 y 18, que es minoritario en los Estados Unidos en número de estados, aunque se aplique a un número considerable de ciudadanos, por el peso demográfico de los que toman esta opción, como el citado Texas, Nueva York o Illinois).

Otro ejemplo interesante es del Estado de Maine, en el Maine Statute (tit. 17-A, § 254) de 2018, tras fijar la edad de consentimiento en 16 años, viene a establecer una cláusula CIAE en el referido precepto, donde se establece una franja de 5 años de diferencia máxima entre el menor, de 14 o 15 años protegido, y el sujeto con quien se relacione sexualmente, sin que se pueda aplicar a relaciones de personas ligadas por vínculo consanguíneo (de segundo grado o inferior). Entre los 16 y 18 años de edad, no puede haber una diferencia mayor de 10 años con el sujeto con el que se interactúe sexualmente.

2.8. SINGAPUR COMO PECULIARIDAD EN EL ÁMBITO ASIÁTICO: MODELO DE "COMMON LAW"

La elección de la referencia en nuestro estudio al caso del Derecho penal de esta ex colonia británica, merece una explicación, que justifique la razón de dicha determinación, frente a otros sistemas que podría resultar interesante hacer una mención.

En primer lugar, el caso de Singapur representa un nexo muy interesante, por una cuestión demográfica e histórica, entre dos predominantes elementos, como son, por una parte, su pasado como colonial británico, lo que lleva a un sistema de "Common Law"; si bien, con una fuerte importancia cultural de China y Malasia.

El crisol que constituye esta ciudad-estado, sin una mayoría social determinante (hay una interesante conjunción de población originaria de China, India, de Filipinas, otros europeos -británicos, fundamentalmente-), con

45. *Vid.* tdcj.texas.gov/divisions/cmhc/docs/cmhc_policy_manual/G-57.01_Attachment_A.pdf

cuatro idiomas oficiales (inglés, chino, malayo y tamil), hace que resulte un ejemplo interesante de proyección del influjo del Derecho británico en la materia que nos ocupa, a la par que nos permite explorar esta cuestión con un grado de mayor certidumbre que otros ordenamientos asiáticos, sin influencia del Derecho europeo, sea continental o consuetudinario.

A la par, constituye en el marco del sudeste asiático, una referencia para el resto de países del entorno, al constituirse en uno de los modelos democráticos más avanzados, lo que no excluye la presencia de censurables atavismos en el sistema punitivo, especialmente, en razón de los castigos corporales como consecuencia de no pocas infracciones penales, cuando se trata de delitos en los que la moral social mayoritaria pueda verse afectada.

En los Estatutos de la República de Singapur, en su Código Penal, en su versión de 2020, nos encontramos las siguientes peculiaridades:

1.– Se establece una edad de consentimiento sexual en los 16 años (art. 376 del Código Penal de Singapur[46]).

2.– No se establece una cláusula CIAE[47], por lo que, cualquier actividad sexual con menor de 16 años puede ser castigada con prisión, multa o pena de castigos corporales (latigazos).

---

46. Dice el art. 376: "*Any person (A) who —*
(a) penetrates, with A's penis, the vagina, anus or mouth, as the case may be, of a person under 16 years of age (B);
(b) sexually penetrates, with a part of A's body (other than A's penis, if a man) or anything else, the vagina or anus, as the case may be, of a person under 16 years of age (B);
(c) causes a man under 16 years of age (B) to penetrate, with B's penis, the vagina, anus or mouth, as the case may be, of another person including A; or
(d) causes a person under 16 years of age (B) to sexually penetrate, with a part of B's body (other than B's penis, if a man) or anything else, the vagina or anus, as the case may be, of any person including A or B, shall be guilty of an offence".
Traducción:
"*Cualquier persona (A) que-*
(a) penetra, con el pene de A, la vagina, el ano o la boca, como el caso puede ser, de una persona menor de 16 años (B);
(b) penetra sexualmente, con una parte del cuerpo de A (que no sea A pene, si es hombre) o cualquier otra cosa, la vagina o el ano, como el caso puede ser, de una persona menor de 16 años (B);
(c) hace que un hombre menor de 16 años (B) penetre, con el pene de B, la vagina, el ano o la boca, según sea el caso, de otra persona, incluida A; o
(d) hace que una persona menor de 16 años (B) tenga relaciones sexuales con penetración, con una parte del cuerpo de B (que no sea el pene de B, si un hombre) o cualquier otra cosa, la vagina o el ano, según sea el caso ser, de cualquier persona, incluidas A o B, será culpable de un delito".

47. Cfr. Singapore Age of Consent & Statutory Rape Laws. (s. f.). Age of Consent Singa-

3.– La edad de responsabilidad penal es de 7 años de edad. De 7 a 16 años, se aplica el Derecho penal de niños y jóvenes (Children and Young Persons Act, en adelante CYPA, en su última versión de 2001[48], en relación con el art. 83 y 84 del Código Penal de Singapur).

En este marco de edad, no se puede aplicar ni la pena capital -en caso de que procediere, en delitos como el tráfico de drogas o el asesinato-, ni castigos corporales, pero sí cabe una suerte de cadena perpetua (entendida como una pena de prisión sin término final determinado por la Ley), conforme a los artículos 37 y 38 CYPA.

4.– Desde los 16 a 18 años, se castigan las relaciones sexuales obtenidas con prevalimiento del autor, por razón a la víctima, conforme al art. 376AA del texto sustantivo criminal de referencia[49].

---

pore, en website https://www.ageofconsent.net/world/singapore#:%7E:text=The%20Age%20of%20Consent%20in%20Singapore%20is%2016%20years%20old.&text=Singapore%20statutory%20rape%20law%20is,sex%20sexual%20activity%20is%20illegal

48. Republic of Singapore. (2020, 1 julio). Children and Young Persons Act - Singapore Statutes Online. Singapore Statues online. https://sso.agc.gov.sg/Act/CYPA1993#pr1-

49. Establece el art. 376AA que : *"(1) Any person (A) who is in a relationship that is exploitative of a person of or above 16 years of age but below 18 years of age (B) shall be guilty of an offence if A*
(a) penetrates, with A's penis, if A is a man, the vagina, anus or mouth, as the case may be, of B;
(b) sexually penetrates, with a part of A's body (other than A's penis, if A is a man) or anything else, the vagina or anus, as the case may be, of B;
(c) causes B, if a man, to penetrate, with B's penis, the vagina, anus or mouth, as the case may be, of another person including A; or
(d) causes B to sexually penetrate, with a part of B's body (other than B's penis, if B is a man) or anything else, the vagina or anus, as the case may be, of any person including A or B.
(2) For the purposes of subsection (1) — (a) it is not necessary for the prosecution to prove that B did or did not consent to the act mentioned in that subsection; and
(b) to avoid doubt, it is not a defence that B did consent to that act.
(3) A person who is guilty of an offence under this section shall be punished with imprisonment for a term which may extend to 15 years, and shall also be liable to fine or to caning".
Traducción:
"(1) Cualquier persona (A) que tenga una relación explotador de una persona de 16 años o más pero menor 18 años de edad (B) será culpable de un delito si A
(a) Penetra, con el pene de A, si A es un hombre, la vagina, el ano o boca, según sea el caso, de B;
(b) penetra sexualmente, con una parte del cuerpo de A (que no sea A pene, si A es un hombre) o cualquier otra cosa, la vagina o el ano, como el caso puede ser, de B;
(c) hace que B, si es un hombre, penetre, con el pene de B, la vagina, ano o boca, según sea el caso, de otra persona incluyendo A;
o (d) hace que B penetre sexualmente, con una parte del cuerpo de B (que no sea el pene de B,

5.– Se establece un tipo agravado, cuando la víctima del acto sexual sea menor de 14 años, en el art. 376 del texto legal[50].

2.9. CONCLUSIONES DE LA APROXIMACIÓN IUSCOMPARATISTA EFECTUADA EN TORNO A LA EDAD DE CONSENTIMIENTO SEXUAL EN LOS DIVERSOS ORDENAMIENTOS ESTUDIADOS

Del acercamiento al Derecho comparado, anteriormente efectuado, podemos advertir algunos elementos conclusivos:

1.– Existe una divergencia en los ordenamientos analizados, en cuanto a la edad de consentimiento sexual, con lo que resulta patente que no existe un criterio extrapolable por áreas geográficas, ni demográficas, sino que entronca en aspectos complejos de carácter social.

En casos como el canadiense, por ejemplo, un suceso como en caso Dale Eric Beckham, en 2005, fue determinante para la elevación de la edad de consentimiento sexual a 16 años. En dicho supuesto, el citado sujeto concertó una cita a través de Internet en Ottawa (Canadá) para mantener relaciones sexuales consentidas con un varón de 14 años de edad. Fueron los padres del menor quienes alertaron a las fuerzas policiales, que advirtieron de la imposibilidad de punición por esta vía.

En este sentido, la reforma de 2008, ha sido criticada justificadamente por autores como Desrosiers (2017, pp. 569-589)[51], cuando se plantea la revitalización de un moralismo legal en este incremento de la edad de consentimiento, donde se plantean líneas de crítica sumamente compatibles con las objeciones que a la regulación española esta tesis doctoral pretende

---

si B es un hombre) o cualquier otra cosa, el vagina o ano, según sea el caso, de cualquier persona incluyendo A o B. (2) A los efectos de la subsección (1):
(a) *no es necesario que la Fiscalía demuestre que B hizo o no consintió en el acto mencionado en ese inciso;*
(b) *para evitar dudas, no es una defensa que B consintió en la actuación.*
(3) Una persona que sea culpable de una ofensa bajo esta sección será castigado con pena privativa de la libertad de hasta 15 años, y también estará sujeto a multas o azotes".

50. Se reproduce aquí solo la forma básica, puesto que el precepto es muy extenso: *Any man (A) who causes another man (B) to penétrate with B's penis, the anus or mouth of A —*
(a) without B's consent; or
(b) with or without B's consent, when B is below 14 years of age, shall be guilty of an offence.
Traducción: Cualquier hombre (A) que hace que otro hombre (B) penetre con el pene de B, el ano o la boca de A –
(a) sin el consentimiento de B; o
(b) con o sin el consentimiento de B, cuando B tiene menos de 14 años de años, será culpable de un delito.

51. Desrosiers, J. (2012). *Sexual Assault in Canada* (E. A. Sheehy, Ed.). Amsterdam University Press.

señalar, como son, esencialmente, la negación de la realidad sociológica y biológica en esta elevación, el imperio del conservadurismo[52] moral en su génesis, y la criminalización del normal desarrollo sexual de los menores.

Se identifica la distancia de edad entre partícipes sexuales como elemento lesivo, en lo que nuestro Código entendería como indemnidad sexual, cuando no se atiende, genuinamente, al efecto que produce en el menor concreto el intercambio sexual peculiarmente analizado.

2.– En un número relevante de sistemas legales, junto con la edad de consentimiento, aparecen cláusulas CIAE, "cláusulas Romeo y Julieta", o simplemente, desde el plano técnico penal, cláusulas de atipicidad de ciertas conductas sexuales, donde se dota de validez al consentimiento del menor.

En este sentido, son dos las vías que podemos discernir:

(a) *Cláusulas de diferencia objetiva de edad entre los integrantes de la relación.*

En este sentido, no se efectúa un análisis peculiar de la capacidad concreta del menor sino que se prepondera un marco de diferencia de edad, dentro del cual, la conducta de interacción sexual no es castigada.

Hemos referido, en esta parte del estudio, casos como Canadá, Estados Unidos, Francia, Gran Bretaña o Italia, entre otros ejemplos.

(b) *Cláusulas que acuden a criterios subjetivos o valorativos, sin marcos temporales objetivos.*

---

52. En este sentido, aun cuando hablamos de "conservadurismo moral", no ha de entenderse como equivalente o propio de una tendencia política conservadora. Precisamente, SILVA SÁNCHEZ (op. cit. nota 157, pp. 64 y ss.), alude a los "atypische Moralunternehmer" o "gestores atípicos de la moral", llevando a una fundada reflexión sobre el giro dado por el clásico predominio de la moral burguesa y conservadora en el Derecho penal, a lo que podemos inferir, de su crítica, como una instrumentalización por ciertos lobbies de presión (identifica Silva, esencialmente, p. 64, a "las asociaciones ecologistas, feministas, de consumidores, de vecinos (contra pequeños traficantes de droga), pacifistas (contras la propagación de ideas violentas) o, en general, organizaciones no gubernamentales que protestan contra la vulneración de derechos humanos en otras partes del mundo. Todas ellas encabezan la tendencia hacia una progresiva ampliación del Derecho penal en orden a la creciente protección de sus respectivos intereses", concluyéndose, además, cómo si en su día el Derecho penal era repudiado por las "clases subalternas", al concebirse como herramienta de las "clases poderosas", existe hoy un "fenómeno de fascinación" de la que carecen otros equivalentes funcionales del Derecho penal (p. 67).

Este sería el modelo implementado en el sistema español, donde no se apostó por el sistema de fijación de un límite de edad de diferencia entre los *partenaires*, sino que se abogó por un sistema de interpretación flexible, aspecto este que presenta, a nuestro juicio, severas desventajas en el marco de la seguridad jurídica, en la igualdad de aplicación de la Ley, en la medida que hace descansar en el criterio judicial de reprensión penal o no de la conducta en un elemento valorativo subjetivo. Ello, no permite marcar parámetros objetivos que den lugar a que al ciudadano poder conocer, *ex ante*, la respuesta penal que una determinada interacción sexual puede conllevar.

De tal manera, el principio de legalidad se ve claramente resentido, cuando no se puede aseverar, a priori, cuál va a ser la consecuencia jurídico-penal de una conducta sexual para con un menor de 16 años.

3.– Las señaladas cláusulas suponen, a nuestro juicio, el reconocimiento implícito de la divergencia entre la realidad social y biológica de las relaciones sexuales entre adolescentes y de las manifestaciones del desarrollo interactivo de la personalidad sexual, frente a la protección penal de la materia; en la medida que suponen, como ya hemos mencionado en varios momentos anteriores de estudio, una serie de conceptos-válvula, para atemperar el rigor de la norma.

Ello no debe ser entendido, en nuestra opinión, sino como una forma equivocada de afrontar la regulación de esta materia, incoherente sistemáticamente (en cuanto que permite fluctuar con el concepto de la validez del consentimiento del menor, como un elemento voluble, o dependiente de factores ajenos a los sustratos intelectivo y volitivo de la personalidad del individuo que lo presta) y que se fundamenta en una necesidad, difícilmente conciliable, de congraciar una protección moralista de la infancia, con las prácticas sexuales de los jóvenes actualmente, en un mundo "hipersexualizado"[53] y donde la influencia de las tecnologías de la información y

53. En este sentido, se trata de una idea que, transversalmente, se puede observar en los discursos más conservadores y en los más progresistas o feministas, con matices diferenciales. En el caso de los primeros, se sustancian en la crítica de una sociedad hedonista, donde la sexualidad ha tomado un papel prioritario en las relaciones sociales; mientras que, desde el feminismo, se ataca la estereotipación de la mujer como objeto sexual y de estimulación erótica que es producido por la sociedad para fines del consumo, que llega a su máxima expresión con aspectos como la prostitución femenina. En ese sentido, por diversos cauces, se confluye en puntos comunes. A tal efecto, sirva la reflexión interesante de DE QUEROL, R. (2013). *El posmacho desconcertado*. EL PAÍS

la comunicación no suponen un refreno a esa tendencia de adelantamiento cronológico de las primeras experiencias sexuales, sino lo contrario[54].

3. CONSIDERACIONES CRÍTICAS EN TORNO A LA ELEVACIÓN A 16 AÑOS DE LA EDAD DE CONSENTIMIENTO SEXUAL EN EL SISTEMA PENAL ESPAÑOL

Llegados a este punto del análisis, no sorprenderá en absoluto nuestra crítica a la elevación de la edad de consentimiento sexual en España, de 13 a 16 años, que deriva de lo anteriormente expuesto y que sintetizamos en los siguientes elementos:

1.- La elevación de la edad de consentimiento no responde a una realidad o exigencia biológica

Como hemos tratado de exponer en todo momento, el ser humano nace como ser sexuado y desarrolla, como una faceta más de su personalidad, la sexualidad, desde la infancia. Pensar en un menor como un ser indeterminado sexualmente es irreal y falso. Ello no implica, por supuesto, que el menor esté en condiciones de poder decidir las interacciones sexuales que pretende desarrollar en todo momento, nada más lejos de nuestra intención está siquiera sugerir tal concepción.

Ahora bien, resulta imperativo analizar y escuchar al propio desarrollo hormonal y psicológico del menor para poder advertir la corrección o exceso en la determinación de la edad de consentimiento sexual. Estamos, somos conscientes de ello, ante un terreno absolutamente permeable a cuestiones valorativas de toda índole, desde el prisma religioso, moral, político, psicológico, sociológico, médico y cualesquiera disciplinas que pongan su mirada en el análisis del ser humano desde diversa perspectiva.

Desde un plano biológico, lo cierto es que la pubertad aparece como un momento de inicio de la capacidad reproductiva. Ello no significa de una manera indefectible la asunción de que el púber tiene necesariamente capacidad para desarrollar una relación sexual o interacción sexual, desde el plano psíquico, que no afecte negativamente a su desarrollo de la personalidad sexual. Pero tampoco puede implicar, en otro sentido, desconocer un indicio natural de capacidad de interacción sexual en dichas variaciones hormonales, anatómicas y psicológicas que se producen en la adolescencia.

Selección, en su artículo "Admira la belleza, disfruta de tu imperfección", donde contrasta las opiniones de conservadores y feministas, como Juan Manuel De Prada frente a Lydia Cacho.

54. Sobre la relación entre sexo e internet, véase el análisis efectuado por KATZ, J. E./ RICE, R. E. (2005, p. 184).

La desviación por elevación de la edad de consentimiento sexual, frente a la edad puberal, corre el intrínseco peligro de disociar, de forma artificial, la "realidad social" frente a la "realidad legal".

Como sucede en materia del consentimiento sexual –si se aboga por los modelos de consentimiento afirmativo–, la realidad relacional se va a separar de una manera cada vez más intensa de la regulación penal para la protección de la libertad e indemnidad sexuales, hasta el límite –al que ya creemos que se ha llegado– de desnaturalizar el contenido penal de la protección del mínimo absoluto que, en un modelo democrático de convivencia, debe preservar el Estado. Sucede de igual manera en el ámbito de la sexualidad y los menores: el ordenamiento debe ser garante de que el menor pueda desarrollar su personalidad sexual en condiciones de libertad, pero a la par, tal cautela no puede llevar a una injerencia artificial en la evolución de su descubrimiento de la sexualidad, conduciendo a la sospecha a las interacciones sexuales con menores de una edad (la próxima a los 16 años, especialmente desde los 14 en adelante) a la que el propio sistema legal asocia un marco presuntivo de capacidad suficiente para actos de mayor complejidad, trascendencia y lesividad que la propia acción sexual *lato senso.*

La elevación a 16 años de edad no se justifica, por ende, por una asincrónica regulación anterior, contraria a la edad puberal. El sistema pretérito se adecuaba mucho más a la realidad biológica que el vigente modelo, en la medida que existe un lapso de edad (lo que hemos referido como desviación) que discurre desde la maduración biológica de los órganos sexuales hasta los 16 años, donde cualquier relación consentida es, *ministerio legis*, penalmente censurable, con la salvedad de la cláusula de atipicidad del art. 183 bis CP, que aparece como mecanismo de cierre del sistema o factor corrector de la propia situación indeseable, creada por la deficiente sustanciación de esa elevación de la edad de consentimiento.

2.- La elevación de la edad de consentimiento sexual choca con la realidad social

Estudios relevantes en pediatría, en la población escolar española, como el de ALFARO/VÁZQUEZ/FIERRO *et alii* (2015), evidencian como los menores inician sus experiencias sexuales antes de los 16 años en un porcentaje considerable.

En concreto, en las relaciones coitales (nótese que, por lo común, el debut en el plano de la sexualidad no llega a tal grado de intensidad, como la experiencia nos indica, sin haberse transitado previamente por otras conductas de menor significación o potencialidad erótica o sexual), del total de los encuestados (sujetos entre 2.º de Educación Secundaria y 2.º de Bachillerato), el 30,4 % reconocía haber mantenido relaciones sexuales completas, y de estos, un 32,9 % antes de 4.º de ESO (es decir, antes de los 16 años). Con menos de 12 años, un 8,4 % reconocía haber mantenido relaciones coitales; un 18,8 %, entre los 13 y 14 años de edad.

En relación a otras conductas sexuales, las cifras son mas rotundas en Rodríguez / Traverso (2012, pp. 519-524), cuando se evidencia una precocidad mayor en el inicio de las que hemos denominado de proyección individual, donde se establece una edad de inicio de la masturbación en 11,3 años en hombres y 12,7 en mujeres; junto con las de proyección interactiva, que son las que más nos conciernen en esta investigación sobre la libertad e indemnidad sexuales, como son las conductas de sexo oral, en 13,8 años en varones y 14,6 años en mujeres y las de masturbación a la pareja, en 13,7 años en varones y 14,4 en mujeres.

Datos como estos, unidos a otros estudios[55], corroboran una tendencia que resulta difícilmente refutable en lo atinente a la precocidad del inicio de las interacciones sexuales en la adolescencia, que no encaja en forma alguna con el sistema de intervención penal que se ha diseñado por el legislador español, siguiendo –en su descargo, hay que decirlo también–, una tendencia de los países de nuestro entorno cultural.

Rige en esta materia un neo-puritanismo que, sobre la premisa de la protección del menor respecto a la pederastia (aspecto que compartimos como preocupación y necesidad de protección del Derecho penal), lleva a cabo una regulación maximalista, que conduce a una criminalización potencial -un eventual escrutinio judicial– de las primeras experiencias sexuales de ciertos adolescentes, que pueden verse sometidos a un intervención del Derecho penal más o menos incisiva, en función de la actitud de sus progenitores y de los operadores jurídicos y socio-sanitarios partícipes del proceso penal de menores, particularmente, en el determinante papel del Ministerio Fiscal en esta materia.

En suma, la frontera entre la delincuencia sexual y la normalidad en el desarrollo puberal, va a depender de la mayor o menor tolerancia parental, y del órgano judicial y fiscal que conozca o ejercite la acción penal, respectivamente, así como de la eventual actuación de los letrados en el ejercicio de la acusación particular, aspecto que como abogado ejerciente por casi 10 años, he podido evidenciar en mi labor profesional.

3.- La elevación de la edad de consentimiento sexual, unida a la cláusula del art. 183 bis CP, no sirve para proteger los bienes jurídicos pretendidos, sino lo contrario

55. V. ROYUELA RUIZ, P./RODRÍGUEZ MOLINERO, L./MARUGÁN DE MIGUEL-SANZ, J. M./ CARBAJOSA RODRÍGUEZ, V. (2015).

Bajo la premisa fundamental de la protección de la libertad e indemnidad sexuales que preside la regulación del Título VIII del Libro II del Código Penal, la actual regulación de la edad de consentimiento sexual en 16 años, disociada, como hemos analizado, de la realidad biológica y sociológica de incursión primera en la esfera sexual interactiva, lleva paradójicamente, en un pretendido esfuerzo tuitivo por anticipación de la intervención penal, a ser, justamente, un caldo de cultivo perfecto de desprotección de la libertad sexual de los menores.

Boldova Pasamar (2023a, p. 217 y ss.) parte de la consideración de la filosofía que regula esta materia es una prohibición general de las relaciones sexuales de menores con adultos (y aun con posibles excepciones cuando el adulto todavía sea joven), pero admite y regula como normales las de los menores entre sí.

La voluntad del legislador, al menos, la que manifiesta en su Exposición de Motivos de la Ley Orgánica 1/2015, a la hora de justificar la elevación de la edad de consentimiento a 16 años, es, no solo equiparar el sistema español al resto de países de nuestro entorno (aspecto este que, dicho sea, es en sí mismo una escasa justificación, o poco satisfactoria, porque acude a una reducción por generalización, que nada abona como criterio jurídico a nuestro juicio), sino cumplir con las recomendaciones internacionales[56] y la protección de los menores frente a la prostitución infantil[57] .

Respecto a este último extremo, no entendemos bien en qué medida la elevación general de la edad de consentimiento sexual de 13 a 16 años influye en la lucha contra la prostitución infantil. En primer lugar, porque son fenómenos absolutamente extraños entre sí. Nada tiene que ver una relación sexual de un menor de 15 años con una persona, imaginemos, de 19 o 20 años, enmarcada en un contexto no lucrativo ni de explotación, sino de libre relación entre los individuos; frente a un sistema espurio de comercialización de los contactos sexuales del menor. En el segundo caso, por

56. También, sobre esta cuestión, habría que valorar si una sugerencia del Comité de la ONU sobre Derechos del Niño, debe ser *ratio legis* de una modificación de este calado; cuando, contradictoriamente, España ha sido llevada ante el Tribunal de Justicia de la Unión Europea, en reiteradas ocasiones, por no cumplir genuinas obligaciones de adaptación normativa -estas sí, derivada del Derecho originario de la Unión-, en cuanto a la trasposición de Directivas en muy diversos aspectos, relevantes desde la óptica penal también, como la falta de trasposición de la llamada Directiva PNR, obre el registro de datos de los nombres de pasajeros para la prevención, detección, investigación y enjuiciamiento de delitos terroristas y delitos graves [véase en ALARCÓN, N. (2020, 2 julio).

57. Específicamente, así se dispone en la Exposición de Motivos de la Ley Orgánica 1/2015, punto XII, párrafo 2.º *in fine*.

supuesto, nos mostramos a favor de que exista una penalización de la prostitución cuando la víctima sea menor de edad. Ahora bien, no se puede equiparar ambas realidades, reiteramos, al ser fenómenos radicalmente distintos.

En segundo lugar, la criminalización de las relaciones de los menores de edad, mayores de 13 y menores de 16 años (que es la clave de la elevación de dicho hito temporal), no protege a los menores de la pederastia, a nuestro entender, por la principal razón de que el estímulo sexual del pedófilo, que da el paso criminal hacia las conductas de pederastia, radica en la infantilidad del sujeto pasivo. Por lo común, cuanto menor es el desarrollo del niño o niña, cuanto más corta es la edad del infante mayor es el estímulo, de forma que la franja de edad de 13 a 16 años es objeto de un interés muy minoritario, en abstracto y en coherencia con lo estudiado sobre esta pulsión sexual parafílica.

La concepción moderna, desde el plano psiquiátrico de la paidofilia, o pedofilia, se data en 1886, conceptuada por Von Krafft-Ebing, autor de la conspicua obra "Psychopathia sexualis"[58], conceptúa la *paedophilia erotica* (P. 437), como una pulsión sexual encauzada hacia los adolescentes prepuberales. Esta es una tónica que se mantiene hasta la actualidad en el marco de la psiquiatría clínica contemporánea, donde las guías de referencia (véase DSM-V de la Asociación Americana de Psiquiatría; y la clasificación CIE-10, de la OMS), establecen siempre como patrón diagnóstico el deseo sexual del sujeto por menores de 13 años prepuberales, que ha estado presente durante al menos 6 meses, que ha dado lugar a la actuación del sujeto (entiéndase, el paso a una acción sexual con menores, la pederastia) o a una intensa angustia del mismo, y donde la persona tiene más de 16 años de edad y más de 5 años de diferencia con el niño[59].

En ese sentido, precisamente, la lucha contra la lesión a la indemnidad sexual del menor derivada de las conductas pederásticas de los pedófilos, no se ve favorecida por elevar la edad de consentimiento sexual de 13 a 16 años, considerando a los menores abarcados en tal franja de edad como

58. En VON KRAFFT-EBING, R. (1907).

59. Manuales MSD. (s. f.). Trastorno pedófilo. Manual MSD versión para profesionales. Recuperado 26 de noviembre de 2020, de https://www.msdmanuals.com/es/profesional/trastornos-psiqui%C3%A1tricos /sexualidad-disforia-de-g%C3%A9nero-y-parafilias/trastorno-ped%C3%B3filo. Más profundamente, debemos citar estudios clave en la materia, como el paradigmático de TENBERGEN, G./WITTFOTH, M., *et alii* (2015), donde se hace un estudio transversal de la pulsión sexual del pedófilo, concitándose como trastorno sexual de etiología multifactorial, donde aparece también como factor característico la relación de una menor edad con una mayor estimulación.

sujetos incapaces de prestar el consentimiento válidamente en materia sexual (salvo para con semejantes en edad y grado de desarrollo o madurez), esencialmente, porque tales sujetos no suelen ser objeto de estímulo sexual preponderante del pedófilo, que se ve estimulado por los infantes [παιδος (paidós)], no por jóvenes que han desarrollado ya unos caracteres sexuales secundarios, y que, por ende, morfológicamente, se asemejan más a los del varón o hembra adultos que a los del niño o niña.

Tratar, a modo de "cajón de sastre", las relaciones sexuales incipientes de la adolescencia entre adolescentes o jóvenes y las relaciones en el marco de una pulsión pedófila, sirve para desenfocar la intervención tuitiva del Derecho penal, a la par que permite dar entrada a un campo de preocupante inseguridad jurídica para los propios menores de edad mayores de 14 años, a los que, lejos de protegérseles de una manera eficaz (como sería a través de una formación en salud sexual adecuada en el ámbito educativo y familiar), se les conduce a un campo de censura de las expresiones de su maduración sexual, y donde el factor de lo prohibido puede actuar, precisamente, como catalizador o potenciador de estas conductas.

Esencialmente, cuando se habla de las "cláusulas Romeo y Julieta", cabría preguntarse si ese es el modelo que deseamos, considerando el devenir precisamente de estos personajes de Shakespeare.

4.- La inexistencia de marcos cronológicos objetivos atenta contra la seguridad jurídica y el principio de legalidad penal

Aunque ya lo hemos mencionado en otras ocasiones, no es ocioso reiterar la lesión para la seguridad jurídica que implica el desconocimiento, por parte de los ciudadanos del marco jurídico aplicable a los supuestos de relaciones o interacciones sexuales para con los menores de 16 años. En efecto, desde una premisa general de prohibición y censura criminal de las conductas sexuales, respecto de tales sujetos pasivos potenciales, aparece la cláusula del art. 183 bis CP, como ya también hemos analizado, a modo de corrección del exceso punitivista o intervencionista del legislador español.

En una pretendida salvaguardia del principio de unidad de actuación del Ministerio Fiscal, la Circular 1/2017, trata de fijar unos cauces interpretativos de la cuestión a los efectos del ejercicio de la acción penal por parte de los representantes de dicho órgano constitucional, en la función encomendada por el artículo tercero, punto cuarto, del Estatuto Orgánico del Ministerio Fiscal de 1981.

Nótese que se trata de una Circular, y no de una Instrucción, lo que nos lleva a entender, por la naturaleza jurídica del instrumento normativo, que se trata de disposiciones de actuación generales del órgano e interpretación de las normas, que deben ser observadas por estos funcionarios en el ejercicio de su labor.

En este sentido, debemos señalar la disquisición que efectúa la misma, citándola textualmente:

"-Impúberes. En ellos aún no se ha producido el proceso de cambios físicos en el cual el cuerpo del niño o niña adquiere la capacidad de la reproducción sexual. No puede establecerse una edad fija para delimitar la infancia de la pubertad pues el inicio del proceso de cambios varía de una persona a otra, dependiendo de diversos factores, entre ellos el sexo. Se trata propiamente de niños y no de adolescentes y respecto de ellos su protección debe ser absoluta. La Ley marca, además, circunstancias de agravación en los casos en que el escaso desarrollo intelectual y físico de la víctima la coloca en situación de total indefensión (la presunción de la norma es iuris et de iure para los menores de 4 años, pero puede darse en edades superiores cuando las circunstancias comporten un plus de vulnerabilidad, vid. SSTS n.º 398/2015, de 17 de junio y 609/2012, de 11 de julio, entre otras).

-El segundo nivel de protección abarcaría desde el inicio de la pubertad hasta los 13 años inclusive, siempre que dicho proceso fisiológico haya comenzado antes de dicha edad. En esta franja, la protección del menor es intensa por encontrarse en la primera fase de la adolescencia. El límite de los 14 años es habitualmente empleado por nuestra legislación (así, para la exigencia de la responsabilidad penal de los menores en el art. 1 LORPM o para la capacidad de testar en el art. 663.1.º CC). En relación con la edad del autor, el límite máximo respondería a la mayoría de edad, esto es, hasta cumplir los 18 años, por lo que -con carácter general- podría dar cobertura únicamente a las relaciones entre menores.

-14 y 15 años, ambos inclusive. La protección debe permitir una diferencia de edad que abarque a los jóvenes hasta 20 años inclusive, moderándose en atención al segundo parámetro (grado de desarrollo o madurez). Excepcionalmente podrían comprenderse los jóvenes de hasta 24 años inclusive, atendiendo al grado de desarrollo o madurez tanto del menor como del joven que mantienen el contacto sexual. Esta pauta debe entenderse de carácter orientado".

Sobre esta cuestión, debemos efectuar dos apreciaciones:

1.- Esta Circular no entra a analizar o justificar los criterios por los que se fijan las señaladas edades como "próximas" a los efectos de la cláusula.

Es decir, se establece, por ejemplo, respecto de los menores de 14 y 15 años una diferencia máxima de 5 y hasta 10 años (fija los límites generales de 20 años, y excepcionalmente, de 24 años), sin establecer el criterio inspirador de tales determinaciones a la hora del ejercicio de la acción penal.

Por ende, debemos considerar que tal fijación parece acusar una ausencia de motivación o justificación como criterio rector del ejercicio de la acción penal por parte del órgano referido.

2.- La formulación dispuesta por la Circular es contraria al sistema implementado en el Código Penal. En este sentido, frente al marco comparado, donde se establecen generalmente rangos de edad, nuestro ordenamiento opta por un elemento valorativo, como es la ponderación de la diferencia de edad, sin fijación de un marco tasado, sino que se aboga por un sistema abierto.

Entendemos, lógicamente, que la naturaleza jurídica del instrumento analizado, que pretende dotar de unidad a la actuación del Ministerio Fiscal, haya preferido fijar unas diferencias de edad temporalmente preestablecidas. Ahora bien, ello no puede ser entendido sino como una contraposición al espíritu de la norma, quizá necesario o conveniente, podría razonarse.

4. SOBRE LA EXISTENCIA DE UNA "EDAD MÍNIMA" DE APLICACIÓN ACTUAL DE LA CLÁUSULA DEL ART. 183 BIS CP

Una cuestión de difícil solución es la que surge a la pregunta de si es preciso, establecer en el marco del art. 183 bis CP un límite mínimo e infranqueable, por debajo del cual no pueda en ningún caso apreciarse un grado de proximidad en edad y desarrollo o madurez con el sujeto activo del delito, coparticipe de la relación de interacción sexual.

Tal planteamiento nace de la constatación de la asincronía entre la edad fijada en el art. 1 de la Ley Orgánica 5/2000, de 12 de enero, reguladora de la Responsabilidad Penal del Menor, a los efectos de poder exigir penalmente a los mayores de 14 años su oportuna responsabilidad por los delitos que cometan o participen, en referencia al Código Penal y las leyes penales especiales.

Así pues, partiendo de la premisa de que, a partir de 14 años, según nuestro sistema jurídico, un menor puede ser, abstractamente, responsable criminalmente de un delito contra la libertad e indemnidad sexual de otro menor, conviene plantearse desde qué edad -mínima- se puede tolerar la aplicación de la cláusula del art. 183 bis de la vigente norma sustantiva criminal.

Cabe referenciar que el Tribunal Supremo, sobre la cuestión de la existencia de un mínimo etario en la cláusula, tiene señalado[60] que, citamos

60. Cfr. STS 1001/2016, de 18 de enero de 2017 (ECLI:ES:TS:2017:88), FJ 2.º.

textualmente: "*el nuevo artículo no establece mínimo alguno en orden a la prestación del consentimiento libre*", pero añade que son las dos premisas de "*proximidad en edad y de su grado de desarrollo o madurez, calidad de próximo aplicable a los dos elementos*".

En este sentido, debemos hacer varias precisiones, a modo de una propuesta personal interpretativa sobre la existencia y condiciones para valorar el límite mínimo de aplicación del art. 183 bis CP, desde la premisa de la ausencia, en el texto legal, de una precisión expresa sobre la cuestión:

1.- Si la interacción sexual se produce entre dos menores de edad, menores de 14 años, nos encontramos con una situación absolutamente ajena al Derecho penal, que, sin embargo, podría revestir interés desde el plano de la protección de los menores (en el sentido que enuncia el art. 3 de la LORPM, antes referida, en correlación con los arts. 17 y ss. de la Ley Orgánica 1/1996, de Protección Jurídica del Menor).

Ello, con independencia de que se trate, aquí sí debemos precisarlo, de una relación con consentimiento, sin el mismo o incluso con violencia o intimidación de una de las partes respecto a la otra, en tanto que la irresponsabilidad penal es absoluta para menores de 14 años en nuestro sistema. Este al aspecto, no obstante, sí deberá encontrar el adecuado encauzamiento en la intervención de los servicios de protección de menores, en tanto que, en efecto, la naturaleza de los hechos cometidos por ese/esos menor/es pueden conllevar una declaración de desamparo (conforme a la LOPM), atendiendo a que sean manifestaciones de unos déficits educativos, de socialización o que acrediten una suerte de desatención de los menores en su desarrollo moral y material[61].

2.- Si la interacción sexual se produce entre un menor de 14 años de edad, y un mayor de 14 años de edad y menor de 18 años, este segundo puede ser responsable, por la mera interacción sexual, del delito del art. 181 del Código Penal, conforme a las disposiciones de la LORPM; salvo que se aplique la cláusula del art. 183 bis del mismo texto, donde el consentimiento puede excluir la

61. Este era el sentido que justificaba la intervención penal en materia de menores para ALBRECHT, H. J. (1986,pp 1211–1306). Entendemos que, algunos autores sostienen que tal deficiencia educativa no es determinante, al concebirse el fenómeno de la delincuencia juvenil como un elemento "normal y ubicuo", véase en GARCÍA PÉREZ, O. (1999, pp.35- 36), en los delitos sexuales y respecto de menores de 14 años, sí creemos que ciertas formas de interacción sexual excesivamente precoz y/o cuyo contenido tenga una intensidad potencial y objetivamente afectante a la proyección de la personalidad sexual del otro menor -conductas sexuales de alta intensidad lúbrica a una edad muy temprana, aun "consentidas", pueden llevar a tales afecciones-, sí pueden provenir de ciertos déficits educativos y de carácter ambiental, con mayor sentido que en otros delitos de diversa naturaleza.

responsabilidad penal en caso de proximidad de grado de desarrollo o madurez física y psicológica.

En estos supuestos, nace una duda sobre el límite mínimo de edad por debajo de la cual, no puede siquiera plantearse esa proximidad en edad y grado de desarrollo o madurez. Dicho de otra forma, ejemplificativamente, ¿sería admisible aplicarle a un menor, de 14- 15 años de edad, esta cláusula, cuando ha mantenido una relación sexual completa con otro menor de 10 años de edad, y presentara un grado de desarrollo o madurez semejante? ¿ La misma respuesta daríamos al caso en que la interacción sexual ha sido meramente una caricia superficial o un beso?

En este sentido no existe una respuesta totalmente satisfactoria. Debemos advertir que, en los casos de sujetos de edad próxima, en un lapso de tiempo que podríamos fijar en dos años de diferencia (contados fecha a fecha), podría sostenerse una situación en el plano cronológico de simetría o cuasi-simetría de edad, que entendemos que debería llevar a la exclusión de la responsabilidad penal, por aplicación directa y automática de la cláusula del art. 183 bis CP al mayor de 14 años -menor de 18- que se relacionare sexualmente con un menor de 14 años en ese marco de diferencia etaria.

Es decir, la simetría o cuasi-simetría de edad, es un criterio, a nuestro juicio, que debe excluir la valoración específica de la proximidad en madurez y desarrollo físico y psicológico de los partícipes, puesto que, en ese lapso tan próximo en el plano cronológico, la semejanza en este sentido ha de presumirse con carácter *iuris et de iure*[62].

Si bien, en adultos, el ámbito de lo erótico-sexual, permite las prácticas de carácter donde uno de los individuos pueda ocupar un rol de dominación, denigrando por ejemplo al otro *partenaire,* dentro de un contexto de ejercicio libre y voluntario de su sexualidad -una relación de masoquismo, por ejemplo-, en el caso de menores debería intervenirse penalmente si se desarrollan tal clase de conductas con menores de 14 años (protagonizadas por parte de menores de edad responsables penalmente, esto es mayores de 14 años), por cuanto tal conducta, a la par de poder conllevar un riesgo de afección al libre desarrollo de la personalidad sexual mayor, puede influir en un momento de escasa madurez del sujeto pasivo de manera decisiva, en el desarrollo de su sexualidad.

---

62. En este sentido, compartimos el planteamiento de BOLDOVA PASAMAR, M. A. (2021a, p. 33).

En los casos de mayor diferencia de edad (más de 2 años de diferencia y no más de 5 años[63]), tratándose uno de los intervinientes de un menor de 14 años (víctima irresponsable penal), y el otro mayor de 14 y menor de 18 años (victimario potencial, responsable penal por la LORPM), entendemos que podría aplicarse la cláusula a las relaciones entre menores de edad, uno de ellos capaz de responder penalmente y otro no cuando haya una diferencia de edad no superior a 5 años y sin considerar la práctica sexual desarrollada. A tal efecto, deberá valorarse pericialmente, en el caso concreto, a través de las exploraciones médico-legales, psicológicas y sociales oportunas.

De hecho, la proximidad en grado de desarrollo o madurez solo tiene sentido examinarla, precisamente, en los supuestos de edades cercanas pero no simétricas o cuasi-simétricas, con ese margen de 2 años, donde ya ha de presumirse la misma madurez o desarrollo, sino en el lapso de 2 a 5 años.

Si, en el caso determinado, apreciadas las circunstancias, existiere una proximidad en grado de desarrollo o madurez, concurriendo tal marco de proximidad en edad, la respuesta jurídica propuesta es la exención de responsabilidad criminal al operar el precepto –183 bis CP– como una cláusula que excluye la tipicidad de la conducta.

De forma opuesta, si no existiere un grado de desarrollo o madurez semejante entre el afectado/a y el presunto victimario, será el Juez de Menores quien, a la vista del informe y de las divergencias constatadas, pueda aplicar la atenuación en su caso procedente de la responsabilidad del menor, conforme a los criterios de determinación e individualización de la medida educativo-sancionadora procedente, conforme a la LORPM, en

63. Fijamos de manera propositiva este lapso, por extrapolación de las clasificaciones internacionales en materia de la American Psychiatric Association -APA- y su taxonomía diagnóstica, el manual DSM-V. En este sentido, uno de los requisitos para hablar, psiquiátricamente, de pedofilia es la diferencia de no menos 5 años de edad con el sujeto que se manifiesta tal atracción sexual. Esta determinación se reserva, por otra parte, para mayores de 16 años, según el mismo texto. De tal manera, menores de 16 años quedan fuera del campo de la pedofilia, y su atracción hacia menores de su edad -con un lapso diferencial de más de 5 años de diferencia- habrá que englobarlo en otras entidades nosológicas de la paidopsiquiatría, pero no en la pedofilia. En este mismo sentido, analizando la figura de la clasificación diagnóstica de la pedofilia y sus consideraciones, debemos señalar la aportación de BECERRA GARCÍA, J. A. (2012, pp. 49-54).
A la par, véase en este sentido lo que manifiesta TAMARIT SUMALLA, J. M. (2015, p. 92), cuando refiere diversos estudios, que marcan como diferencia aproximada el lapso de 5 años, como marco a partir del cual una relación puede considerarse asimétrica.

consideración de los diversos criterios y postulados en que la determinación de las consecuencias jurídicas del delito que rigen en la misma[64].

3.- Si la interacción sexual se produce entre un menor de 14 años de edad, y un mayor de 18 años, por tanto, mayor de edad a los efectos penales.

Cuando la diferencia de edad exceda de 5 años, no entendemos que se pueda considerar al sujeto activo próximo en edad; por ende, la cláusula aquí no podría ser aplicada con carácter eximente.

Entendemos que, en el caso de relaciones o interacciones sexuales de mayores de edad con menores de 14 años, no cabe aplicar la cláusula del art. 183 bis CP, al no existir el requisito de proximidad en edad, en todo caso. En consecuencia, requiriéndose por *ministerio legis* la conjunción en el seno del art. 183 bis CP, de manera copulativa siempre[65], entre los dos elementos del binomio del precepto (edad y grado de desarrollo o madurez física y psicológica), careciéndose del primero de los elementos, no procede excluir la tipicidad de la conducta, pero sí debiera poderse atemperar la responsabilidad penal, vía art. 21.7 CP, por aplicación como atenuante analógica del art. 183 bis CP.

Por otra parte, y fuera de lo anterior, en aquellos casos en los que se apreciare en el sujeto activo que, a pesar de la divergencia de edad, existiere una proximidad entre su grado de desarrollo o madurez y el de la presunta víctima, no entendemos apriorísticamente excluible la posibilidad de apreciación de la circunstancia del art. 20.1.º en relación con el art. 21.1.ª CP o con el art. 21.7.ª CP, a los efectos de la atenuación o exención por razón de trastorno psíquico, en cuanto a un posible déficit cognitivo o madurativo que pudiera en su caso tener resonancia en la esfera de la culpabilidad, en

64. Por parte de HIGUERA GUIMERÁ, J. F. (2003, p. 352), se señala cómo "*la LORPM no ha previsto alguna norma o regla jurídica concreta para dulcificar las consecuencias jurídicas en los casos de que concurra una eximente incompleta en el menor*", adicionando que consideraba tal autor necesario que el Juez de Menores ponderase tales elementos como factores para "*reducir la responsabilidad penal del menor*".

65. V. a efectos ilustrativos sobre tal cuestión, lo que nos recuerda el ATS Sala II, 470/2020, de 18 de Junio (F.J. 2.º, letra D), cuando señala, respecto del 183 quater CP (entonces, hoy 183 bis), que "*el precepto exige, de forma conjunta y no alternativa, que la proximidad sea tanto por edad como por grado de desarrollo y madurez*". Asimismo este criterio cumulativo se ha venido sosteniendo otras resoluciones previas del Alto Tribunal (vgr. ATS Sala II 617/2017, de 23 de marzo, STS Sala II 1001/2016, de 18 de enero de 2017, entre otros).

tanto que pueda mermarse la imputabilidad del individuo, aun de manera parcial[66].

En todo caso, como hemos apuntado en varias ocasiones en esta tesis, consideramos que la actual edad de consentimiento en 16 años supone un límite excesiva e injustificadamente alto para la permisión de la sexualidad activa, y como tal, sostenemos que *de lege ferenda* el límite mínimo debiera ser reducido a la edad de 14 años, por coherencia, tanto con la realidad biológica, como por una cuestión jurídico-sistemática. Desde la legislación penal, con la edad de 14 años fijada en el art. 1.1 LORPM, hasta la legislación civil y administrativa, la edad de 14 años tiene una especial trascendencia y es considerada por el legislador, en otros ámbitos –algunos, en el espectro de la libertad sexual– como hito determinante.

Tal postura se sufraga, además, por parte de un sector relevante de la doctrina española, que se ha pronunciado en este mismo sentido, por la patente inadecuación de la edad de 16 años a la realidad social y biológica del desarrollo de la esfera sexual de los menores, apostando por fijar la edad de consentimiento en 14 años, tanto en momentos previos a la reforma de la LO 1/2015[67], como con posterioridad[68].

66. Nótese cómo se puede advertir que el retraso madurativo es una entidad que debemos considerar vinculada con un elemento determinante de una menor culpabilidad. DECAMINADA, F. (1995, p. 95), viene a estudiar en profundidad la madurez afectiva, identificándola con madurez psicosexual. En este sentido, destacamos una serie de ideas del autor: 1) La falta de madurez psicoafectiva o psicosexual implica una falta de libertad interna; 2) Se puede encontrar en personas que, sin embargo, tienen una adecuada capacidad en otras esferas; 3) Puede presentarse en comorbilidad con otros trastornos mentales. CORNACHIONE LARRÍNAGA, M. A. (2006, p. 93), identifica los siguientes rasgos como definitorios de la madurez: "autonomía, conductas apropiadas a las circunstancias, ponderación y equilibrio, estabilidad, responsabilidad, cercanía afectiva, claridad en objetivos y propósitos y dominio de sí". El CIE-10 (F 70-79), viene a definir el retraso mental cómo el "desarrollo mental incompleto o detenido, caracterizado principalmente por el deterioro de las funciones concretas de cada época del desarrollo". Por tanto, la inmadurez, a un determinado nivel patológico, puede ser un rasgo indicativo de una torpeza mental o discapacidad cognitiva, al haberse detenido, o al menos ralentizado en exceso, determinadas funciones o mecanismos psicológicos que deberían haberse desarrollado o evolucionado.

67. Entre las voces de nuestra doctrina favorables a la postura que sostenemos, para fijar una edad de consentimiento sexual en 14 años, destacan GÓMEZ TOMILLO, M. (2010, p. 728); ROPERO CARRASCO, J. (2014, pp. 271 y 273); RAMOS TAPIA, M. I. (2015, p. 125).

68. V. PÉREZ MACHÍO, A. I. / DE LA CUESTA ARZAMENDI, J. L. (2020, p. 62). También en la misma línea, v. SÁNCHEZ DOMINGO, M. B. (2022, pp. 479).

5. CUESTIONAMIENTO EN TORNO A LA EXISTENCIA O APRECIACIÓN DE UNA "EDAD MÁXIMA" PARA LA APLICACIÓN DE LA CLÁUSULA DEL ART. 183 BIS CP.

Si la cuestión de la fijación de una "edad mínima" para la aplicación de la cláusula presenta, a la luz del principio de legalidad, ciertas dudas razonables en cuanto a su implementación a menores de corta edad, por las razones expuestas anteriormente y en relación, precisamente, con la naturaleza de la protección que el ordenamiento jurídico-penal pretende dispensar, los verdaderos problemas estriban en la fijación de una edad máxima para poder apreciar, sin consideración a los efectores de desarrollo y madurez física y psicológica, la inaplicabilidad absoluta de la cláusula. Es decir, se trataría de fijar un *dies ad quem,* un punto final respecto del que un menor de 16 años no puede consentir válidamente en ningún caso ni circunstancia.

Tal planteamiento, que sería abstractamente deseable desde el plano de la seguridad jurídica, comporta en su anverso que, fuere cual fuere la respuesta que se conceda, traería consigo la necesaria restricción, y la consecuente incriminación en casos en los que, a pesar de una notable diferencia de edad, el desarrollo y madurez –de valorarse–, pudieran ofrecer una respuesta de cierto equilibrio entre los intervinientes. Se trata de los supuestos que ameritarían, abstractamente, quizá no una exención plena de responsabilidad, sino una simple atenuación.

No existe un límite etario máximo a la hora de aplicar la cláusula del art. 183 bis CP que esté tasado expresamente en la norma penal, puesto que optó el legislador por un sistema abierto, en el que solo se establece un criterio de "proximidad", de forma que, al igual que con el consentimiento (con el problema de la "claridad" en su expresión), la significación del concepto de proximidad ha tenido un tratamiento manifiestamente desigual en nuestro sistema, a la luz de la cláusula, como analizaremos en el siguiente capítulo. También expondremos algunos supuestos analizados por los tribunales respecto a esta materia.

No obstante, respecto de la edad máxima, a la luz del propio tenor de la cláusula, cabe concluir dos posturas abstractamente:

a) Una posibilidad, es considerar que la proximidad en edad y grado de desarrollo o madurez, como elemento copulativo, está interconectado y solo cuando existe proximidad en edad puede valorarse el grado de desarrollo o madurez, desde este primer postulado.

Esta es la interpretación mayoritaria de nuestra doctrina[69][70] y del Tribunal Supremo[71].

b) Otra opción, aunque esta resultaría difícilmente asumible con la conjunción "y" entre los conceptos de edad-grado de desarrollo o madurez física y psicológica, es interpretar el binomio de una manera disyuntiva o yuxtapuesta, al estilo del sistema noruego, en el que se valora la proximidad en edad y también se valora, independientemente, la proximidad en desarrollo o madurez, siendo bastante una de las dos posibilidades para la validación de la relación sexual[72].

Tal solución, de *lege ferenda*, podría resolver una buena parte de los problemas actuales derivados de la conjugación de un factor puramente objetivo (edad) con aspectos biopsíquicos que son, a nuestro juicio, más relevantes en el plano de la posible afección a la indemnidad sexual del menor incurso en la relación sexual, y que no debieran haberse equiparado por el legislador en nuestro criterio.

A la luz de los cambios operados recientemente por la LOGILS en 2022, y su posterior rectificación por la LO 4/2023 respecto de algunos de los cambios introducidos por la anterior, se puede afirmar que los límites de

69. V. QUERALT JIMÉNEZ, J. J. (2015, p. 258); BOLDOVA PASAMAR, M. A. (2021a, p. 13); GARCÍA RIVAS, N. /TARANCÓN GÓMEZ, P. (2021, pp. 1193-1196); BOLDOVA PASAMAR, M. A. (2023a, pp. 245-247); GONZÁLEZ TASCÓN, M. M. (2022, pp. 134 y ss.); SÁNCHEZ DOMINGO, M. B. (2022, pp. 447-491); MUÑOZ CONDE, F. (2022, pp. 253 y ss.); ORTS BERENGUER, E. (2022, pp. 250-251), entre otros.

70. Aspecto distinto es que los autores que reconocen que la dicción del texto legal exige una concurrencia de los elementos de edad y desarrollo o madurez física y psicológica no sean críticos con tales postulados, y que se propongan por otros modelos de intervención penal. A estos efectos, v. RAMOS VÁZQUEZ, J. A. (2016, p. 184 y ss.). Por BOLDOVA PASAMAR, M. A. (2021a, *passim*), se cuestiona abiertamente la indagación en la vida sexual de los jóvenes que puedan verse afectados por un proceso penal a consecuencia de la regulación de la cláusula, precisamente puesto que convierte en excepción lo que debería ser regla general, que es la validez y libertad de los adolescentes y jóvenes para mantener relaciones e interacciones sexuales entre sí, excepto que concurriera, como señala RAMOS TAPIA, algún elemento indiciario de asimetría de poder (por edad, p.ej.) entre los integrantes u otra forma de relación de abuso de superioridad, por RAMOS TAPIA, M. I. (2015, pp. 117-138). También críticos con la formulación de la proximidad y la cuestión de edad, GARCÍA RIVAS, N./TARANCÓN GÓMEZ, P. (2021, p. 1194), cuando apuntan a la inseguridad para los menores, por moverse el legislador en una "deliberada ambigüedad" que es objeto de crítica.

71. Por todas, SSTS n.º 1001/2016, de 18 de enero de 2017 (ECLI:ES:TS:2017:88); n.º 478/2019, de 14 de octubre (ECLI:ES:TS:2019:3397), y en el ATS 655/2020, de 10 de septiembre (ECLI:ES:TS:2020:7711A).

72. Véase a estos efectos, entre las muchas críticas, la referencia de RAMOS VÁZQUEZ, J. A. (2016, p. 184).

edad máxima de aplicación de la cláusula y los criterios interpretativos de la Fiscalía General del Estado, en torno a su invocación con efectos atenuantes siguen plenamente vigentes, por cuanto de forma expresa la Circular 1/2023 de Fiscalía General del Estado ha señalado en el apartado dedicado a la modificación del art. 183 quater CP (que pasa, desde 2022, a ser el 183 bis CP), su ratificación en la interpretación efectuada por la Circular 1/2017.

En efecto, no deja de sorprender en este sentido la divergencia existente entre el Tribunal Supremo y la restricción a la aplicación atenuante de la cláusula del art. 183 bis CP, frente al mantenimiento del postulado del Fiscalía General del Estado en este sentido. Mas, también es igualmente inexplicable que, el mismo órgano que está sosteniendo una interpretación sumamente rigorista del consentimiento sexual, que va más allá a nuestro juicio de los límites textuales del art. 178.1 CP, sostenga sin embargo la posibilidad de aplicar a un joven de 24 años que mantiene relaciones con otro de 14 años una atenuación de su responsabilidad penal. De tal modo que existe una desarmonía en lo atinente a los criterios rectores en la protección de la libertad e indemnidad sexuales, con espacios de paradójica flexibilidad, unidos a otros de extraordinario rigor.

La explicación más simple es que, desde 2017 hasta la actualidad, la materia que nos ocupa ha sufrido importantes modificaciones normativas como de la concepción social de estos comportamientos, que hace casi imposible seguir una línea de interpretación coherente, sin apreciar un giro en alguno de los criterios empleados, hasta hace unos años, frente a los presentes.

Capítulo II

El criterio de proximidad cronológica

SUMARIO: 1. NOTAS INTRODUCTORIAS: SOBRE LA ADECUACIÓN DEL PRECEPTO A LAS EXIGENCIAS DE LOS PRINCIPIOS DE LEGALIDAD (TAXATIVIDAD) Y SEGURIDAD JURÍDICA. 2. PROPUESTAS INTERPRETATIVAS EN TORNO A LA SIMETRÍA Y ASIMETRÍA DE EDAD.

1. NOTAS INTRODUCTORIAS: SOBRE LA ADECUACIÓN DEL PRECEPTO A LAS EXIGENCIAS DE LOS PRINCIPIOS DE LEGALIDAD (TAXATIVIDAD) Y SEGURIDAD JURÍDICA

El estudio de la adecuación de la redacción del vigente artículo 183 bis del Código Penal, en atención a principios fundamentales del ordenamiento jurídico, como son los principios de legalidad (taxatividad) y seguridad jurídica, positivizados en la Carta Magna (arts. 9.3 y 25 CE), constituye una cuestión fundamental sobre la que conviene efectuar algunas observaciones.

El axioma *nullum crimen sine previa lege* se erige en una de las piedras angulares de nuestro sistema penal, al exigir que la conducta delictiva se encuentre claramente descrita en la ley penal. Welzel señalaba que "*el auténtico peligro que amenaza al principio nulla poena sine lege no procede de la analogía, sino de las leyes penales indeterminadas*"[73]. Sin embargo, Roxin (1997, p. 170)[74] nos recuerda también que hay que admitir, necesariamente, cierto grado de indeterminación en la medida de las variadas interpretaciones que admiten los conceptos empleados por el legislador.

En este sentido, advirtiendo que el Derecho se constituye a través del lenguaje, formado por conceptos a veces polisémicos o vagos en sus con-

73. *Apud* ROXIN, C. (1997, p. 170).
74. *Ibid.*, p. 170.

tornos, no puede evitarse un cierto juicio valorativo, máxime en los casos de los elementos de naturaleza normativa. Ahora bien, la taxatividad y, por ende, la determinación del alcance de la ley penal (también de las normas eximentes o limitadoras de la responsabilidad criminal), como concibe Bricola (1965, p. 279 y ss.), viene a ser esencial, no solo para preservar la vigencia de libertad y autodeterminación de los ciudadanos, sino también para proteger otros derechos constitucionales de los mismos en su actuación.

Son muchos los autores en el Derecho penal que han analizado el concepto o exigencia de *lex certa* como uno de los elementos vertebradores más relevantes del Principio de Legalidad[75], con diversos matices.

En razón a esta idea, la llamada "interpretación estricta" (para nosotros, interpretación restrictiva) se ha visto notablemente desarrollada, como recuerda Ferreres Comella (2002, p. 125)[76], por el concepto norteamericano de la "*rule of strict interpretation*" o "*rule of lenity*". El mismo autor efectúa un interesante análisis de la tendencia de la Corte Suprema de los Estados Unidos[77] a favor de una interpretación benigna o laxa (de ahí la referencia a la lenidad) de las normas penales que no sean taxativas o estrictas en su dicción a favor del reo; valorándose además el interesante aspecto diferencial entre ambigüedad y vaguedad, como elementos graduales de una misma realidad, atendiendo a la imprecisión de la norma.

En nuestro ámbito europeo, resulta también la doctrina del Tribunal Europeo de Derechos Humanos (STEDH Sunday Times vs. Reino Unido, de 26 de abril de 1979, del famoso "caso de la *Talidomida*"), donde se afirma, citamos textualmente: "*Una norma no puede considerarse ley a menos que se formule con la suficiente precisión que permita la ciudadano adecuar su conducta; debe poder prever, rodeándose para ello de consejos clarificadores, las consecuencias de un acto determinado*".

---

75. En este sentido, a título meramente ilustrativo y sin exhaustividad, no podemos dejar de referir diversas aportaciones, todas ellas sumamente interesantes, como las de ZAFFARONI, E. R./ALAGIA, A./ SLOKAR, A. (2002, pp. 116 y ss.); DE VICENTE MARTÍNEZ, R. (2004, p. 21); MIR PUIG, S. (2011, p. 107); HASSEMER, W. (1984, p. 35 y ss.), en la formulación de una superación de los elementos determinables en un cierto porcentaje -más del cincuenta por ciento, afirma, del contenido de la norma-, para superar esa taxatividad. A tal efecto, véase la reflexión en ROXIN (1997, p. 172).
76. V. FERRERES COMELLA, V. (2002).
77. Cita el autor antes enunciado las importantes Sentencias de la Corte Suprema de los EE.UU., en los casos de Rewis vs. USA de 1971 y el histórico pronunciamiento del caso Wiltberg vs. USA de 1820, prohibiendo la existencia de *common law crimes* (delitos consuetudinarios, no tasados) en ámbito federal.

Por tanto, ligado al concepto de taxatividad, debe encontrarse el de seguridad jurídica, entendida como una previsibilidad de aplicación de la norma[78], lo que no excluye un cierto y legítimo "halo de incertidumbre"[79] inherente al empleo de conceptos jurídicos indeterminados, que lleva a una indefectible labor de exégesis para la valoración de la significación, alcance y contenido del concepto, así como para la subsunción precisa en el caso concreto que proceda.

Ahora bien, el Derecho penal, por vocación, no puede acudir a un abuso o uso indiscriminado y maximalista de esta clase de elementos, en tanto que por el legalismo de nuestro sistema criminal, supondría depositar en manos del juez del caso concreto una facultad ponderativa excesiva, que podría conducir a iniquidades y desigualdades mayúsculas en la aplicación de la norma punitiva.

De una manera explicativa, pero muy gráfica, el Tribunal Constitucional español vino a señalar que "*el legislador debe perseguir la claridad y no la confusión normativa, debe procurar que acerca de la materia sobre la que legisle sepan los operadores jurídicos y los ciudadanos a qué atenerse, y debe huir de provocar situaciones objetivamente confusas (...). Hay que promover y buscar la certeza respecto a qué es Derecho y no ... provocar juegos y relaciones entre normas como consecuencia de las cuales se introducen perplejidades difícilmente salvables respecto a la previsibilidad de cuál sea el Derecho aplicable, cuáles las consecuencias derivadas de las normas vigentes, incluso cuáles sean éstas*"[80].

Pues bien, aplicando lo anterior a la cláusula objeto de examen, ésta se configura sobre una serie de conceptos jurídicamente indeterminados o abiertos a una interpretación, en la que el margen de discrecionalidad resulta particularmente intenso. Como destaca GONZÁLEZ AGUDELO (2021, p. 137), la valoración del criterio de proximidad en edad –que exige, a nuestro juicio como presupuesto, la fijación de unos estándares de mínimos y máximos de edad para efectuar tal ponderación posterior– ha sido un elemento más que "indeterminado", de apreciación puramente "discrecional" en sus palabras.

En efecto, parece que la voluntad del legislador, al introducir criterios valorativos tan amplios a la hora de poder aplicar la cláusula del art. 183 bis CP, es dotar a los órganos judiciales de un extenso margen valorativo, lo que no es intrínsecamente negativo, pero sí conlleva ciertos riesgos. El

78. Véase en DE VICENTE MARTINEZ, R. (2004, p. 193).
79. En el concepto empleado por la STC n.º 135/2018, de 13 de diciembre (ECLI:ES:TC:2018:135), AD. 6.º, en relación a la argumentación de la Abogacía del Estado.
80. V. STC n.º 46/1990, de 15 de marzo (ECLI:ES:TC:1990:46), FJ 4.º.

mayor de ellos es que la discrecionalidad pueda tornarse en una aplicación manifiestamente desigual, y contraria por tanto a la seguridad jurídica, pues amparo del mismo texto legal se estarían admitiendo soluciones muy dispares derivadas –en gran medida– de la sensibilidad y concepciones propias de los intérpretes, no solo de conceptos de carácter indeterminados – *e.g.* madurez y grado de desarrollo–, sino incluso sobre los propios límites máximos y mínimos de edad en los que el ordenamiento jurídico permite interactuar con menores de 16 años lícitamente en el ámbito sexual[81].

Dicho de otro modo, a la luz de la inexistencia de una claridad conceptual sobre los mínimos y máximos, la actividad sexual de los menores de 16 años corre el riesgo de "criminalizarse" de una manera injustificada y contraria a la propia esencia de la tutela del desarrollo libre de la personalidad sexual, si la cláusula no responde a dos cuestiones: límites mínimos y máximos, y posibilidad de aplicación atenuante y no solo eximente. Y efectivamente, la cláusula no responde a estas cuestiones.

81. A lo anteriormente expuesto de las diferencias entre el criterio de la Circular 1/2017 de Fiscalía General del Estado, frente a las reseñadas Sentencias del Tribunal Supremo, en la doctrina judicial encontramos casos antagónicos, como señala GONZÁLEZ AGUDELO (2021, p. 138), ilustrando el ejemplo de la SAP Navarra, Sección 1.ª, n.º 229/2018, de 26 de septiembre (ECLI:ES:APNA:2018:873), que acepta una diferencia de 8 años de edad para poder aplicar la cláusula con efecto eximente; como también lo hace, con misma diferencia, la SAP Barcelona, Sección 6.ª, n.º 132/2017, de 16 de febrero (ECLI:ES:APB:2017:1306) y la SAP Baleares, Sección 2.ª, n.º 262/2018, de 11 de julio (ECLI:ES:APIB:2018:1676); frente a la STS Sala II, n.º 1001/2016, cfr. notas anteriores, en la que se niega la aplicación con ocho años y medio de edad, así como la STS, Sala II, n.º 287/2018, de 14 de junio (ECLI:ES:TS:2018:2211), en semejante línea interpretativa.

Tabla: Estructura lógica de aplicación de la cláusula del art. 183 bis CP

Premisa 1: Concurrencia de una acción sexual

Premisa 2: Presencia de "consentimiento libre" de la persona sobre la que recae la acción.

Premisa 3: Edad inferior a 16 años de la persona sobre la que recae la acción.

Premisa 4: Edad superior a 14 años de la persona que realiza la acción o determina al menor de 16 años a realizarla, sobre sí mismo o un tercero.

Valoración 1: Determinación de la proximidad en edad de los sujetos

Valoración 2: Determinación de la proximidad en grado de desarrollo o madurez física y psicológica de los sujetos.

Una vez conocida la edad de los participantes en el comportamiento de naturaleza sexual, la aplicación de la cláusula implica la realización de un doble juicio valorativo: por un lado, uno en torno a la proximidad en edad entre los sujetos; y, cumulativamente, otro referido a la proximidad en el grado de desarrollo o madurez física y psicológica.

En relación con los límites, hay dos aspectos destacables. Uno primero, respecto de los umbrales mínimo y máximo. La segunda cuestión vidriosa, es la diferencia de edad máxima en la que se puede aplicar la cláusula, en el entendimiento de que no será equivalente en función de la edad de los sujetos.

Una norma penal que deja en absoluta indeterminación cualquier criterio en este sentido (no son pocas las que abusan de los conceptos jurídicos de esta naturaleza), debe ser necesariamente cuestionada, en primer lugar, por su dudosa constitucionalidad.

Si un destinatario estándar, es decir, el ciudadano, no puede conocer de una lectura razonable del precepto qué limites existen para entablar una eventual relación sexual con una persona menor de 16 años sin constituir infracción penal, se somete a un riesgo de incriminación, sustanciado esencialmente en la interpretación que se efectúe, en cada caso concreto, por la Autoridad Judicial y el Ministerio Fiscal.

Máxime, cuando en el momento de finalización de este estudio –mayo de 2023–, el panorama de la seguridad jurídica resulta especialmente delicado en el ámbito de la aplicación de la legislación penal en esta materia. Fundamentalmente, por cuanto la doctrina de la Sala II del Tribunal Supremo, a propósito de la sentencia del caso "Arandina"[82], opta por una interpretación[83] que choca con los planteamientos exegéticos –ya expuestos, anteriormente– de la Circular 1/2017, de Fiscalía General del Estado, sobre la aplicación de la cláusula en los casos de diferencia etaria que permitan su apreciación, en forma de circunstancia atenuante por analogía[84]. Igualmente sucede en no pocos pronunciamientos judiciales precedentes que han optado por tal solución[85], incluido el propio Tribunal Supremo[86]. En los pronunciamientos referidos, se ha entendido que la cláusula de exención del art. 183 bis CP puede ser interpretada también en forma incompleta, por la aplicación a través de la atenuante analógica del art. 21.7.ª CP.

82. V. STS n.º 930/2022, de 30 de noviembre (ECLI:ES:TS:2022:4489), FJ 8.º, se pronuncia expresamente en estos términos: "*Nuestra legislación ha optado por un criterio mixto que comporta el análisis de la franja de edad (criterio cronológico) como el análisis de las características individuales de desarrollo y madurez (criterio biopsicosocial). Así, constituirán factores diferenciales, tanto la acusada diferencia de edad (particularmente cuando se trata de adultos jóvenes) como los concretos factores singulares que concurran entre autor y víctima. Pero, al mismo tiempo, no se ha construido un "espacio intermedio" entre la total responsabilidad y la total irresponsabilidad (...) Pero esta aplicación de la exención o de la atenuante analógica muy cualificada solo puede ir en el actual estado de la cuestión a favor o de la exención absoluta cuando concurran todos los factores, y si no concurren con la absoluta responsabilidad. El texto penal no permite una opción intermedia*".

83. Como antecedente a esta interpretación, sirva también la referencia a la STS 337/2018, de 5 de julio (ECLI:ES:TS:2018:2658), en la que avisa de lo "maniqueo" del legislador, al ofrecer como opciones, según la interpretación del texto por la Sala, de la exoneración plena de responsabilidad frente a la plena incriminación, avisándose de las consecuencias punitivas tan graves que puede conllevar tal postura, de "*todo o nada*", ofreciéndose en la práctica y exclusivamente, en atención a la aplicación del actual 183 bis CP, a una horquilla entre la absolución y penas equivalentes a las de un homicidio, aspecto que, con tal rigor e impacto, solo se presenta en este ámbito del Derecho penal.

84. Llegando a permitir la aplicación a jóvenes de hasta 24 años de edad, con diferencia de hasta 10 años de edad respecto del sujeto pasivo menor de edad, de 14 años, por ejemplo.

85. El número de pronunciamientos es elevado, y sirvan como referencia ilustrativa la STSJ Castilla La Mancha n.º 21/2020, de 15 de julio (ECLI:ES:TSJCLM:2020:1626); SAP La Rioja, Sección 1.ª, n.º 169/2018, de 12 de diciembre (ECLI:ES:APLO:2018:660).

86. V. STS, Sala II, n.º 672/2022, de 1 de julio (ECLI:ES:TS:2022:3008), FJ 2.º.

El problema de entender concurrente o no el criterio de la proximidad cronológica constituye una de las cuestiones que ha generado en la aplicación práctica ciertas diferencias de aplicación, por no haberse optado por un criterio cronológico puro sino por una fórmula abierta que da lugar a respuestas casuísticas, pero que por el contrario permiten ampliar el ámbito de la cláusula, que ante diferencias semejantes de edad (*e.g.* lapsos de hasta 9 años de diferencia entre sujeto activo y pasivo), han decidido soluciones tan dispares como la apreciación de la cláusula con carácter eximente[87], como atenuante, o sin aplicación alguna. Ello, en virtud de las diferencias madurativas o de otro orden, ponderadas en los casos.

Lo que se constata es que, a mayor proximidad del sujeto pasivo a la edad de consentimiento sexual, se permite un mayor rango de diferencia de edad, al acortarse las diferencias madurativas. En cambio, cuanto más baja sea la edad del sujeto pasivo, menores tendrán que ser las diferencias cronológicas con el sujeto activo, como refiere Boldova Pasamar (2021a, pp. 23 y ss.).

En lo referente a la proximidad en edad, existen pocos ejemplos en los países de nuestro entorno cultural o jurídico que no opten por un criterio cronológico puro, que implica la fijación de diferencias de edades entre los intervinientes del intercambio sexual (a excepción de los países nórdicos).

La ausencia del establecimiento de un tramo o límite de diferencia de edad, puede ser entendida positivamente –en comparación con lo que podría suponer un escenario más limitado–. A costa de la cierta indeterminación, se consigue un propósito mayor, que es aplicar la cláusula a marcos de diferencia de edad mayor que los que se aplica en otros ámbitos del derecho comparado. Por ello, a pesar de las objeciones efectuadas en cuanto a la seguridad jurídica, el hecho es que admite una cierta flexibilidad, que se puede mostrar beneficiosa.

Si estamos ante criterios de naturaleza valorativa, no puede sorprender que se tenga que llegar hasta tal momento de la vista de un proceso para concluir la adecuación o no a la legalidad de la actuación; salvo que en fase de instrucción, al amparo de los artículos 637, 641 y 779.1.1.ª LECrim., el órgano efectúe una valoración anticipada, a propósito de la decisión sobre la continuación de la investigación, sea en el marco de la conclusión del

87. Entre otras, a efectos meramente ilustrativos, v. SAP Barcelona, Sección 6.ª, n.º 132/2017, de 16 de febrero (ECLI:ES:APB:2017:1306), que aprecia la aplicación de la cláusula con efecto eximente, en un caso de diferencia de 6 años de edad (12-18 años) y con acreditado déficit cognitivo de la víctima.

Sumario en el Procedimiento Ordinario –primeros dos preceptos enunciados–, sea en el de las Diligencias Previas del Procedimiento Abreviado.

Valoración que por otra parte, y en la medida de la imposibilidad de que se puedan otorgar instrucciones generales o particulares sobre la interpretación de las normas a los Jueces y Tribunales (ex art. 12.3 LOPJ), solo puede ser orientada para el Juez –potestativamente, no de forma vinculante– por la jurisprudencia, que, debemos señalar que en esta materia pasa por ser, a día de hoy, poco certera en lo atinente a la fijación de un criterio hermenéutico consolidado sobre los marcos de edad, por la propia naturaleza de la cláusula.

A lo precedente, reiteramos, una discrepancia no resuelta actualmente entre los criterios de la Circular FGE 1/2007 frente a la doctrina de la Sala II del Tribunal Supremo sobre la inaplicabilidad de la cláusula con carácter atenuante por analogía. Este es un aspecto nuclear, puesto que, precisamente el rigor de la norma en cuanto a la elevación de la edad de consentimiento, y las diferencias de edad entre los sujetos intervinientes, se canalizaban en no pocos casos a través de una apreciación parcial de la responsabilidad criminal, mediante la atenuación analógica, que permitía ajustar el reproche penal de un modo más proporcionado en términos estrictos de justicia material.

No son pocos los casos en los que, sin existir una proximidad en edad en sentido estricto que permita exonerar al sujeto activo de su responsabilidad (verificada la simetría en desarrollo o madurez, por supuesto), sí existe una cercanía suficiente como para no interpretar la relación en clave de una diferencia insalvable o tributaria de una esencial posición de dominio o superioridad[88] del sujeto de mayor edad respecto del menor, que es la esencia de la protección de la indemnidad sexual de tal joven o adolescente.

2. PROPUESTAS INTERPRETATIVAS EN TORNO A LA SIMETRÍA Y ASIMETRÍA DE EDAD

En torno a la cláusula y la proximidad en edad, resulta de interés el planteamiento, en torno a la significación de la proximidad de edad que plantea González Agudelo (2021, p. 133), valorando si el concepto puede extenderse al "grupo etario" de referencia en el que el menor se inserte,

88. Es decir, la valoración de la existencia de una actividad sexual "compartida", en la que los integrantes no tienen una posición de poder respecto del otro derivada del abuso o prevalencia de la edad de uno respecto de la del otro, como apuntan BOLDOVA PASAMAR, M. A. (2021a, p. 16) o TAMARIT SUMALLA, J. M. (2015, p. 92).

derivado de cuestiones de índole diversa a una cuestión estrictamente cronológica, sino más bien de índole sociológico, educativo, antropológico o étnico, incluso. Como advierte la autora, citamos textualmente: "*la edad cronológica, no puede ser por sí sola un criterio de comparación directo, pues el desarrollo personal y la madurez no se corresponden de forma simétrica con la edad biológica*" (p. 133).

En un planteamiento teórico abstracto, la valoración del "*grupo etario*" en vez de la comparación cronológica pura, podría tener una cierta eficacia atemperadora del rigor punitivo, al considerarse una contraposición de factores ambientales, educativos y sociales para determinar la pertenencia al "*grupo etario*" y no solo una cuestión de cronología pura. Desde esta perspectiva, la propuesta es sugestiva. Ahora bien, también advertimos, en un sentido contrario, el riesgo que implica un planteamiento que introduzca, también en el plano de aquella parte del binomio llamada a la cierta objetividad, elementos nuevamente susceptibles de una apreciación discrecional. ¿Es del mismo grupo etario alguien que, a pesar de tener diferente edad, comparte curso por haber repetido? ¿El grupo etario en una zona deprimida socio-económicamente se hace más amplio o menos que en una zona con mayores recursos y nivel cultural medio más elevado? Son planteamientos, a mero título ilustrativo, que podrían derivarse de la introducción de elementos de tal nivel de subjetividad en el ámbito de la comparación en edad.

Atendiendo la deriva del Derecho penal sexual hacia postulados de carácter moralizante, no podemos dejar de advertir el riesgo de que, ya en clave de la comparación de edad, antes de considerar aspectos de desarrollo o madurez de los integrantes, se pueda dar cabida a cuestiones con un fuerte componente valorativo y que pudieran alterar el foco de tutela –la indemnidad sexual– en clave de otros elementos ajenos a un Derecho penal moderno en esta materia.

Actualmente, el binomio en el que se integra la cláusula del art. 183 bis CP se compone de un criterio *cronológico* (edad) –pretendidamente objetivo– y otro de carácter *bio-psico-fisiológico* (madurez física y psicológica) –marcadamente subjetivo–, que aparecen de manera cumulativa o copulativa.

En ello estimamos, a nuestro juicio, que radica una parte relevante de los problemas de aplicación, y es que precisamente, la composición de la cláusula, en plano de igualdad, de dos cuestiones que no son equivalentes, ni en su contenido ni en su significación o relevancia para la tutela del bien jurídico protegido. La proximidad en edad es una cuestión que, enunciada en la forma que lo hace la norma, ofrece dudas en la seguridad jurídica, precisamente porque en abstracto, puede dar cabida o puede rechazar, con la misma ausencia de certeza, la aplicación de la cláusula.

Si la cláusula se concibe por nuestro Tribunal Supremo en términos maniqueos –"*todo o nada*" en su aplicación– como ha resultado de su último pronunciamiento sobre esta cuestión, la ausencia de proximidad en edad habrá de ser interpretada como factor tributario de la inaplicación, y por tanto, de la condena al sujeto al marco penal correspondiente a la figura típica, con arreglo a los criterios del art. 66 CP. La cuestión radica, precisamente, en si la proximidad en edad es equivalente a la proximidad en desarrollo o madurez.

Aunque de *lege lata* y vista la postura exegética del Tribunal Supremo anteriormente señalada, la respuesta es afirmativa, nuestro criterio disiente de tal interpretación. La proximidad en edad es un factor relevante, en la medida que comúnmente se acepta la existencia de un proceso dinámico en los seres humanos, en el que se adquiere con el paso del tiempo factores de madurez, estabilidad emocional y comprensión de las relaciones humanas, que forman la personalidad del individuo en los diversos planos, también en el sexual. Por ello, la falta de proximidad en edad, puede determinar una posición de poder del sujeto activo frente al pasivo, pero no es indefectible tal correlación. Es decir, no toda relación con desequilibrio de edad atenta contra la indemnidad sexual, puesto que el desequilibrio de edad es un elemento graduable, de manera que se puede afirmar que, a mayor diferencia de edad, la instrumentalización del menor y los riesgos de una afección al desarrollo de su personalidad sexual, aparecen con mayor nitidez y justifican una intervención sancionadora del Derecho penal.

Ahora bien, a nuestro juicio, lo que indefectiblemente concede tal predominio es la diferencia en grado de madurez intelectual, y ésta no siempre se puede ligar directamente a la mayor edad de un individuo frente a otro. En este sentido, compartimos con Boldova Pasamar (2021a, p. 14) su afirmación de que lo determinante de la cláusula es "*el desequilibrio o desigualdad madurativa entre los sujetos*". Lo anterior no puede llevarnos a admitir las relaciones entre sujetos de gran diferencia de edad pero con una madurez psicológica y física pareja, puesto que ello nos conduciría a una interpretación del modelo ausente de factores objetivos (cronológicos), que dotaría aun más de inseguridad un terreno abonado a la incertidumbre, como es que estamos transitando.

Sin embargo, en sentido contrario, ante la ausencia de un criterio uniforme sobre lo que es próximo en edad, a los efectos normativos, las interpretaciones que se ofrezcan, tanto desde la propia Fiscalía General del

Estado (en su Circular 1/2017, mencionada en diversos momentos), como por la doctrina, no dejan de ser aportaciones que quedan al arbitrio del órgano instructor o sentenciador, con los intrínsecos riesgos que comporta la variabilidad de criterios y sensibilidades de cada juzgador, desde la "sana crítica" con la que se pondera los elementos de prueba.

Desde la perspectiva de la redacción actual, el concepto de proximidad en edad, entendemos que admite ser interpretado como lo hace Boldova Pasamar (2021a, p. 27), en el sentido de que las relaciones entre personas con una diferencia de edad inferior a dos años (simetría de edad) no requieren de la valoración de la proximidad en desarrollo o madurez, al poderse presumir la misma. El autor propone una interpretación que llevaría a un modelo de simetría cronológica que apareja, *iuris et de iure*, la madurativa, que nos resulta convincente, puesto que cualquier indicio de que no concurriera tal simetría madurativa, en un marco cronológico tan próximo, afecta a la libertad en el consentimiento prestado, con lo que la cláusula no sería aplicable, por tal razón.

Entre sujetos con una diferencia de dos a cinco años, sí procede valorar la proximidad en grado de desarrollo o madurez, precisamente a los efectos de poder excluir la responsabilidad criminal, en aquellos casos en que no siendo simétrica la edad, sí existe tal marco de proximidad en el plano biopsico-fisiológico del menor implicado y del sujeto activo (menor o mayor de edad, en todo caso, mayor de 14 años).

Por encima de los cinco años, la cláusula actualmente solo entendemos que admitiría un efecto atenuante de la responsabilidad criminal, si bien, tal comprensión queda mediatizada por la doctrina del Tribunal Supremo referida en la Sentencia n.º 930/2022, ya expuesta. Precisamente, tal rigor en la comprensión de la inexistencia de un cauce sustantivo, a juicio del Alto Tribunal[89], para poder acoger una posible aplicación del actual art. 183 bis CP con efecto diverso de la exención plena de la responsabilidad criminal,

89. Nótese la existencia de pronunciamientos contradictorios del propio Tribunal Supremo en esta cuestión, con escasos meses de diferencia. Nos referimos a la STS, Sala II, n.º 672/2022, de 1 de julio (ECLI:ES:TS:2022:3008), FJ 2.º, en la que se estima procedente la aplicación analógica del art. 183 quater CP, en virtud de la previsión del art. 21.7 CP, lo que niega la STS 930/2022 de la misma Sala, escasos meses después. Véase también aplicando esta previsión, la STS, Sala II, n.º 699/2020, de 16 de diciembre (ECLI:ES:TS:2020:4326), FJ 4.º; SAP Vizcaya, Sección 2.ª, de 14 de noviembre (ECLI:ES:APBI:2018:2680); SAP Las Palmas, Sección 1.ª, n.º 34/2019, de 6 de febrero (ECLI:ES:APGC:2019:350), FJ 3.º; SAP Álava, Sección 2.ª, n.º 40/2021, de 17 de febrero (ECIL:ES:APVI:2021:245), FJ 6.º. A favor de su aplicación como atenuante analógica, véanse adicionalmente a los que hemos empleado, los argumentos de RAFOLS PÉREZ, I. J. (2020, p. 174).

nos refuerza en algunas de las convicciones alcanzadas a través de esta investigación, que se expondrán en las conclusiones, sobre la necesidad de disminuir la edad de consentimiento sexual y/o de variar el contenido de la cláusula vigente.

Siendo que a la primera de las cuestiones se le dedicará una sección final de este trabajo (cfr. Propuestas de *lege ferenda*), sobre la premisa *ceteris paribus* en lo atinente al régimen vigente, es decir, manteniendo la redacción y la edad de consentimiento sexual, la propuesta interpretativa de la Circular 1/2007, sobre la posibilidad de apreciación de la atenuante analógica (art. 21.7 CP), en relación con la cláusula del art. 183 bis CP (antes 183 quater CP), resulta una propuesta acorde con la finalidad de la norma y con el principio de proporcionalidad.

El Tribunal Supremo[90] sistematiza las posibilidades de aplicación del art. 21.7 CP y el ámbito de analogía a efectos atenuantes, en función de cinco supuestos o circunstancias –citamos textualmente–: "(a) en primer lugar, aquellas que guarden semejanza con la estructura y características de las cinco restantes del art. 21 del Código penal ; b) en segundo lugar, aquellas que tengan relación con alguna circunstancia eximente y que no cuenten con los elementos necesarios para ser consideradas como eximentes incompletas; c) en un tercer apartado, las que guarden relación con circunstancias atenuantes no genéricas, sino específicamente descritas en los tipos penales; d) en cuarto lugar, las que se conecten con algún elemento esencial definidor del tipo penal, básico para la descripción e inclusión de la conducta en el Código penal, y que suponga la *ratio* de su incriminación o esté directamente relacionada con el bien jurídico protegido; e) por último, aquella analogía que esté directamente referida a la idea genérica que básicamente informan los demás supuestos del art. 21 del Código penal".

Celebramos el sentido hermenéutico de la Fiscalía General en la referida Circular, en pos de atemperar el rigor de una norma que puede dar lugar a resultados patentemente desproporcionados e injustos, mediante la extensión de la aplicación del art. 21.7 CP para "construir" una atenuante analógica en casos de concurrencia incompleta de los requisitos de la cláusula. En efecto, las horquillas penológicas hacen que transitemos desde la impunidad de una conducta (si se considera la aplicación de la cláusula) a la sanción de cualquier acto con trascendencia sexual –actualmente– como una agresión sexual a un menor de 16 años (recordando que, actualmente,

90. V. STS n.º 516/2013, de 20 de junio (ECLI:ES:TS:2013:3510). Referenciada por la propia Fiscalía General, en su Circular 1/2017, para apoyar la argumentación favorable a la aplicación analógica del art. 183 quater CP (hoy 183 bis CP), en supuestos en que no concurran ambos criterios (cronológico y bio-psico-fisiológico).

la misma no exige violencia o intimidación como modo comisivo), castigada con penas de 2 a 6 años de cárcel en su modalidad básica, que puede elevarse a un marco de entre 8 y 12 años de prisión, en el caso de una relación sexual coital u oral, aun habiendo obrado la voluntad del sujeto pasivo, cuando no se apreciare la concurrencia de la cláusula.

Lo anterior, es decir, la justicia material que subyace a los planteamientos de la Circular 1/2017, entendemos que admite otra solución explicativa, que permite justificar la aplicación del art. 21.7 CP (atenuante analógica) en relación con el art. 183 bis CP.

Cerezo Mir (2004, pp. 368) establece que para la apreciación de una circunstancia atenuante analógica, "*no basta con que se trata de una circunstancia que suponga menor gravedad de lo injusto o de la culpabilidad, pero tampoco es preciso que su sustrato fáctico sea análogo al de alguna de las circunstancias*". Compartimos con Díez Ripollés (2016, p. 324)[91] que cualquier circunstancia que se quiera apreciar, a la luz del art. 21.7 CP, debe requerir, además de "*una disminución de injusto, culpabilidad o punibilidad, un fundamento específico análogo al de una circunstancia del art. 21*".

De esta manera, compartiendo plenamente la finalidad última de la propuesta interpretativa de la Fiscalía, en la referida Circular 1/2017, en torno a la necesidad de atemperar el rigor punitivo y la desproporción que puede suponer la imposición de penas de tal nivel, entendemos que ha de sustanciarse en una valoración del fundamento del art. 183 bis CP. Dicho precepto supone la expresión del ejercicio de un derecho del menor de 16 años a desarrollar, en el marco de su evolución personal, prácticas sexuales con personas próximas en edad y grado de desarrollo o madurez físico y psicológico. Se trata, por tanto, de una ponderación entre la tutela de la indemnidad sexual –predicada, in genere, de los menores de 16 años– frente a supuestos en los que la permisión del ejercicio activo de la sexualidad por parte de jóvenes de edad inferior a la de consentimiento sexual, aparece como una forma de expresión de su personalidad, de formación de sus gustos e inclinaciones, y en suma, de una libertad sexual que se está conformando.

En caso de la existencia de una plena apreciación de la proximidad en edad y grado de desarrollo o madurez, la conducta del sujeto activo no será

91. V. DÍEZ RIPOLLÉS, J. L. (2016), que coincide con su maestro, CEREZO MIR. También en esta línea, MIR PUIG, S. (2011, p. 633). En un sentido contrario, a favor de la extensión de la aplicación del art. 21.7 CP "*a cualquier elemento que justifique una reducción de lo injusto, culpabilidad o de la consecuencia jurídica, por razones político-criminales*", se pronuncia SANCHEZ LÁZARO, F. G. (2022, p. 320).

tributaria de respuesta penal, atendiendo a la exclusión de la tipicidad de la conducta prevista en el art. 183 bis CP. Ahora bien, en los supuestos en que uno de los requisitos no se cumpla (es decir, aquellos en los que no exista proximidad cronológica o madurativa), puede sostenerse la potencial aplicabilidad del art. 21.7 CP, como atenuante analógica (ya sea simple, o muy cualificada, en función de la intensidad de la concurrencia de los factores, o de la entidad del que no concurra), puesto que el fundamento de la atenuación se encuentra, precisamente, en la relación con el art. 20.7 CP, en el "ejercicio de un derecho", que en este caso ha de considerarse la aptitud del individuo para poder involucrarse sexualmente con un tercero de semejante edad y madurez.

Dado que es posible que esa semejanza en edad y madurez no concurran plenamente, la atenuación de la pena por tal motivo obedece, sin duda, a la misma *ratio* o fundamento que la circunstancia eximente mencionada. Asimismo, coherentemente con que la eximente de obrar en el ejercicio legítimo de un derecho excluye la antijuridicidad, en el caso de la atenuante, que se basa en mismo fundamento, lo injusto queda atenuado o disminuido.

Capítulo III

El criterio de proximidad madurativa

SUMARIO: 1. NOTAS INTRODUCTORIAS: SOBRE LA ADECUACIÓN DEL CRITERIO DE PROXIMIDAD MADURATIVA A LAS EXIGENCIAS DE LOS PRINCIPIOS DE LEGALIDAD (TAXATIVIDAD) Y SEGURIDAD JURÍDICA. 2. EL CONCEPTO DE MADUREZ PSICOLÓGICA: UNA CUESTIÓN CONTROVERTIDA. 3. CRITERIOS PARA LA VALORACIÓN DE LA PROXIMIDAD EN MADUREZ PSICOLÓGICA. 4. LA VALORACIÓN DE LA PROXIMIDAD EN DESARROLLO FÍSICO. 5. POSTURA PERSONAL INTERPRETATIVA EN TORNO A LA EXIGENCIA DE LA PROXIMIDAD EN GRADO DE DESARROLLO O MADUREZ FÍSICO Y PSICOLÓGICO.

1. NOTAS INTRODUCTORIAS: SOBRE LA ADECUACIÓN DEL CRITERIO DE PROXIMIDAD MADURATIVA A LAS EXIGENCIAS DE LOS PRINCIPIOS DE LEGALIDAD (TAXATIVIDAD) Y SEGURIDAD JURÍDICA

En la formulación ambivalente o dual de la cláusula de consentimiento sexual, sobredenominada también "Romeo y Julieta", en el art. 183 bis CP, de una manera cumulativa (y no disyuntiva) al criterio de la proximidad de edades entre sujeto activo y pasivo, la determinación de la proximidad madurativa abre un horizonte de gran complejidad en diversos planos, no solo en el jurídico-penal en un sentido estricto (que es donde se conduce, finalmente, la valoración y consecuencias de la misma), sino que precede a tal cuestión otras dudas o planteamientos, esenciales para alcanzar una concepción de esta materia, que se inician desde la propia definición de los términos (desarrollo, madurez) hasta el cuestionamiento de las proyecciones de éstos (ámbito físico y psicológico).

Mientras que la edad es una cuestión, reiteramos, sobre la que el disenso puede existir en cuanto a la procedencia o no de la fijación de una serie de límites cronológicos, más o menos elevados, y la admisión de unos lapsos de diferencia sustentados en una preconfiguración del legislador (algo que, en España, no se ha escogido), o bien, un arbitrio judicial sobre tal extremo (una formula abierta, como la del art. 183 bis CP), las discrepancias en el ámbito de lo madurativo y del desarrollo abarcan planteamientos más profundos, puesto que la problemática radica en la esencia conceptual y en la existencia de medios adecuados para su ponderación o medición comparativa, con un grado de seguridad, igualdad y fiabilidad de suficiente entidad que permita su aplicación sistematizada a los procesos valorativos en que se tengan que introducir tales claves analíticas.

Por ello, comenzamos la exposición intentando definir los conceptos que nos atañen, ante su carácter jurídicamente indeterminado y, ante la inexistencia de un consenso científico absoluto que permita axiomatizar sobre sus elementos esenciales, máxime ante la inexistencia de una definición auténtica del legislador español en este sentido, que hubiera brindado unos "conceptos legales" de "madurez" y "desarrollo", así como unos elementos para su ponderación.

2. EL CONCEPTO DE MADUREZ PSICOLÓGICA: UNA CUESTIÓN CONTROVERTIDA

Por cuestiones de técnica legislativa, ante la realidad compleja que el Derecho penal se ve llamado a regular, resulta frecuente que en nuestro texto se acuda a formulaciones en las que se introducen elementos de carácter valorativo, ajenos en ocasiones al ámbito penal, que exigen del órgano judicial la "realización o confirmación de juicios de valor"[92], por ser solo susceptibles –a diferencia de los elementos descriptivos, que son perceptibles sensorialmente– de una abstracción mental para su ponderación[93].

Así se componen un número elevado de figuras típicas, y en consecuencia, tal posibilidad se extiende a las circunstancias eximentes de la responsabilidad criminal, tengan naturaleza de causa de atipicidad, justificación, exculpación, e incluso, para las excusas absolutorias.

92. V. CEREZO MIR, J. (2004, pp. 117 y ss.).

93. V. MEZGER, E. (1935), diferencia entre los conceptos indeterminados, y aquellos que están simplemente referidos a valor. CEREZO opone a esta concepción, en su manual, la de KUNERT, que niega que los elementos valorativos del tipo, en la medida que son "*según él, descripciones de algo natural junto con actividades valorativas, emocionales, de la sociedad en relación con ello*", en KUNERT, K. H. (1958, pp. 93 y ss.).

En el caso del concepto de "madurez", nos encontramos con un elemento de carácter manifiestamente extrapenal en su origen, propio de las ciencias que estudian la mente humana y su comportamiento. Desde el plano de la psicología, la "madurez psicológica" ofrece una riqueza conceptual extraordinaria e inabarcable para nuestro objeto de estudio. Sin rehuir de un intento de aproximación, a los exclusivos efectos que nos ocupan, podemos sintetizar las siguientes ideas[94]:

1.- Con carácter previo a 1960, las investigaciones destacadas de autores como GRIFFIN (1976, pp. 46 y ss.) y WILLOUGHBY (1935, p. 5), apuntan a la formulación de un concepto de "madurez emocional", con una fuerte carga conceptual del psicoanálisis, advirtiendo que la madurez es la «*liberación del narcisismo y de la ambivalencia, abandono del egocentrismo, el logro de impulsos socializados y de una nueva percepción ("insight"); aceptación emocional del principio de realidad y una condición analizada*».

   Por su parte, otros autores, como JERSILD (1954) [*apud* GRIFFIN (1976)] distingue, como nos ilustra ZACARÉS GONZÁLEZ (1994, p. 108), «*otros tres tipos de madurez, la moral, la intelectual y la social. Su definición general de madurez como "grado en el que una persona ha descubierto y es capaz de emplear los recursos de los que va llegando a disponer en el proceso de crecimiento"*».

2.- Es en 1977, apunta ZACARÉS, el momento en que destaca particularmente el planteamiento de HEATH (1977, p. 6), que advierte que "*la persona se conceptualiza como un sistema que puede describirse en términos de cuatro sectores de su personalidad: habilidades cognitivas, autoconcepto, valores y relaciones personales. La maduración en cada área se define por cinco dimensiones evolutivas interdependientes, simbolización, alocentrismo, integración, estabilidad y autonomía, a través de las cuales el sujeto va madurando*" .

3.- MASLOW (1973, *passim*) propone un modelo de madurez, desde la comprensión de la misma, desde la perspectiva de la autorrealización como motivación y necesidad.

94. La aproximación a esta materia, a los exclusivos efectos de establecer referencias a otros ámbitos de conocimiento en los que se estudian en profundidad estos conceptos se realizan a partir del análisis de diversas obras, siendo referencial a nuestro objeto el estudio doctoral de ZACARÉS GONZÁLEZ cuya aportación resulta de extraordinario calado, en el marco que nos atañe, por la retrospectiva analítica del estado de la cuestión, que permite dibujar los contornos conceptuales de la madurez psicológica. Serán continuas, en esta parte de la investigación, las referencias a su trabajo que, tras los analizados, compendia exhaustivamente la materia que nos atañe.

4.- Por último, destacamos, por su relevancia a los efectos que nos atañe, el modelo conceptual que contrasta la "madurez psicosocial" y el "desarrollo de edad", que corresponde a GREENBERGER/ SORENSEN (1974, pp. 258-329). En estos autores debemos detener nuestra atención, en cuanto a la interesante conclusión de su análisis, y es precisamente, la falta de correlación estricta entre la madurez psicosocialmente considerada y el trascurso de la edad, rechazando el concepto de "madurez temporal" expresamente, cuando se advierte que se "*confunden uno de los diversos mecanismos que subyacen a la madurez psicosocial –el aumentar en edad– con el resultado (madurez) en sí mismo*", como recuerda ZACARES.

En conclusión, se puede advertir, como lo hace el referenciado autor, la existencia de un crisol de conceptos en torno a la madurez psicológica, que se sustancia, esencialmente, en tres perspectivas dogmáticas: la teórica, la del propio sujeto en desarrollo y la del lego (p. 441).

No existe, en efecto, una concepción mayoritariamente estandarizada de la madurez psicológica, ante la influencia de los prismas valorativos y los sesgos de los distintos planos de investigación –el predominio de teorías sociológicas, psicoanalíticas, etc., condicionan los resultados, al traspasar a los métodos y planteamientos–.

Desde la antropología, otros autores[95] niegan la adecuada comprensión del concepto de madurez, ni desde el plano psicológico (por partir, a su juicio, equivocadamente, de la premisa del "yo-psicológico" como base del estudio), ni tampoco desde el plano biológico-psiquiátrico, por un reduccionismo del individuo a sus partes materiales, apostando por un enfoque social y funcional del individuo en el marco de sus relaciones con terceros.

En nuestra opinión, la llamada madurez psíquica también debe contemplarse desde un correlato en el plano biológico-estructural cerebral[96]. Los nuevos estudios basados en las llamadas neurociencias ponen especial hincapié en que la maduración cerebral se concluye en torno a los 25 años[97], esto es,

95. V. ÁLVAREZ FERNÁNDEZ, A./MARTÍN PALACIO, M. E./BERMÚDEZ REY, T. (2009, pp. 663-670).

96. V. ROSSELLI, M. (2003, pp. 125-144).

97. Se extrae de OLIVA DELGADO, A. *et alii* (2011, p.119), citando a GOLDBERG, E. (2001, *passim*), que las vías neuronales que unen la corteza orbito-frontal y algunas estructuras límbicas, están desarrollándose durante la segunda década de la vida, a lo que OLIVA atribuye dificultades para "*el proceso racional para tomar decisiones requiere de la identificación y análisis del problema, de la ponderación de los criterios de decisión, de la búsqueda de información, de la génesis y evaluación de diferentes alternativas de solución, de la puesta en marcha de la decisión y de su evaluación posterior*".

momento en el que la neuroplasticidad disminuye de forma notoria. No obstante, la capacidad del cerebro humano para adquirir nueva información y procesarla adecuadamente, no desaparece hasta la muerte[98].

Precisamente, en relación con el ámbito de la formación de la personalidad sexual, resulta especialmente relevante desde el plano de la preservación del menor en su proceso madurativo, la consecuencia que extrae Valdés Miyar (2015), cuando afirma que los niños que crecen en un "*ambiente de abuso físico o sexual tienen mayor probabilidades de padecer psicopatología en el futuro (...) y presentan una menor densidad neuronal en el hipocampo, la amígdala, la corteza prefrontal y, sobre todo, en el cuerpo calloso, en que se observa una reducción de tamaño muy notable*".

Es por ello que el neurodesarrollo y la maduración en las diversas esferas de la persona (la sexual particularmente) están ligados a factores físicos, psicológicos, ambientales y socio-relacionales, que determinan el grado de competencia del individuo para poder formar de manera autónoma sus decisiones, inclinaciones y gustos, así como para poder afrontar las diversas contingencias, adaptándose al entorno y aprovechando las diversas circunstancias en el modo que estima más conveniente a sus intereses.

En la práctica clínica, el término "madurez" como la capacidad de adaptación del individuo a su medio y de tolerar la frustración o adversidad, derivados de factores biológicos, psicológicos y estructurales o sociales, que conforman la identidad y personalidad del sujeto.

3. CRITERIOS PARA LA VALORACIÓN DE LA PROXIMIDAD EN MADUREZ PSICOLÓGICA[99]

La valoración del grado de desarrollo y madurez psicológico de los integrantes de la acción sexual investigada en el marco de un proceso penal, en el ámbito en que se desenvuelve el art. 183 bis CP, presenta notables retos, como puede evidenciarse de la divergencia de criterios existentes en torno al propio concepto de madurez, un elemento de carácter extrajurídico

98. Es lo que, en el ámbito geriátrico, se observa respecto de las personas de edad avanzada, en la que se producen casos de plasticidad funcional, que tiene una función de naturaleza compensatorio, donde el cerebro sigue mostrando su capacidad de reorganizarse, frente a ciertos déficits. De esta forma, la plasticidad neuronal es un elemento persistente en la vida del ser humano, si bien, a mayor edad, se presenta de menor forma o intensidad.

99. Nota aclaratoria: para esta parte del estudio, se ha contado con el generoso asesoramiento de la psicóloga Dra. Cristina Andreu Nicuesia, quien nos ha facilitado material e información para conocer, de una manera directa, métodos verificados para la valoración de la madurez psicológica en el particular contexto del art. 183 bis CP,

y sobre el que centran sus investigaciones diversos campos del conocimiento.

Ante la inexistencia, ya no de una previsión legal o reglamentaria sobre el contenido de la valoración de la proximidad madurativa, sino de protocolos unificados en la Administración de Justicia española al efecto, la adecuada valoración de tales elementos se constituye en un verdadero problema de seguridad jurídica e igualdad, por la trascendente influencia que la determinación va a comportar para la aplicación o no de la cláusula y a la postre, para la exigencia de responsabilidad penal al sujeto que mantenga una interacción sexual con un menor de 16 años de edad.

Precisamente, en atención a la fijación de criterios solidos argumentalmente, se trata de protocolizar, mediante el recurso a ciertos instrumentos psicométricos, un uso estandarizado de criterios de valoración de elementos que tienen tal grado de subjetivismo. Sin perjuicio de la existencia de otras interpretaciones, nos resulta particularmente convincente el procedimiento actuarial que aplica modelo del "Psychological Maturity Assessment"[100] (test PSYMAS), bajo el prisma de concepción del modelo teórico multidimensional de la madurez de GREENBERGER / SORENSEN(1974).

La aplicación de protocolos como el indicado presenta como claves la transparencia y la replicabilidad del método. Por consiguiente, la valoración crítica y la refutabilidad de los resultados obtenidos permite aseverar que, las decisiones y elementos de valoración, se sustancian no en meras "impresiones" sino en corroboraciones científicamente estandarizadas, lo que conduce a un incremento de la seguridad en la toma de decisiones, que en este caso, se traduce en una protección más elevada de los derechos fundamentales de las partes sometidas al proceso penal.

Este modelo engloba tres áreas: Orientación al Trabajo, Identidad y Autonomía, junto con una escala de Madurez Global. Cuenta además con una escala de control. La edad de aplicación máxima se fija en 18 años. De

---

fruto no solo de su dilatada práctica forense, sino de su particular especialización en las intervenciones periciales psicológicas en esta clase de supuestos, fundamentalmente, ante los tribunales de nuestra Comunidad. El criterio que sostenemos se funda, además de la literatura consultada, en la interpretación y conceptos facilitados por la misma a este investigador, para poder aproximarse a este ámbito, ajeno al Derecho penal, con pretendido rigor.

100. Sobre este modelo, desarrollado por MORALES-VIVES y *cols*. (2012), existe nutrida literatura científica, v. MORALES-VIVES, F./ CAMPS, E./ LORENZO-SEVA, U. (2013, pp. 12-18); MORALES-VIVES, F., CAMPS, E./LORENZO-SEVA, U./VIGIL-COLET, A. (2014); RODRIGO APIO, J. J./ ANDREU RODRÍGUEZ, J. M. (2017, pp.14-31), entre otros.

estas facetas, únicamente la Identidad puede tener una relación más directa con los hechos juzgados.

Hemos de partir de la premisa de que la "madurez" es un concepto evolutivo y dinámico, considerando la realidad de que los adolescentes no poseen un concepto global de madurez, sino que tal elemento se desarrolla en relación con ciertas áreas de la capacidad de decisión y actuación con mayor intensidad que con otras. La madurez guarda una fuerte relación con cuestiones neurofisiológicas y hormonales también, de manera que existen patentes asincronías entre individuos de la misma edad e incluso, del mismo contexto o entorno familiar, social o relacional.

Los aspectos que se estudian con mayor interés, al efecto de contemplar la madurez en el plano de la cláusula, se sustancian en tres ejes: los procesos cognitivos y emocionales ligados a la toma de decisiones (valores como la templanza o prudencia, se identifican con esta cuestión madurativa); los vinculados de la habilidad para valorar y anticiparse a las consecuencias de las propias acciones y de sus repercusiones (lo que identificamos como perspectiva) y la responsabilidad, entendida como la percepción del grado de autonomía o independencia ligado al sentimiento de identidad, que se conduce a una aptitud del sujeto para poder resistir los distintos estímulos en pos de un criterio propio.

Resulta trascendente, para poder ponderar adecuadamente los procesos de deliberación y consecuente actuación de la persona –especialmente de los adolescentes– distinguir entre lo que Silber (2011) denomina procesos de "cognición fría" (en inglés, "*cold cognition*") frente a los de "cognición caliente" (en inglés, "*hot cognition*"). Los primeros corresponden a aquellos procesos o dinámicas de pensamiento coherentes con el desarrollo racional, reflexivo y centrado en la valoración de riesgos a largo plazo, en los que no intervienen –o lo hacen de una forma muy limitada– los factores de excitación, física o emocional y los factores grupales. Por el contrario, en los procesos de cognición caliente, se oponen radicalmente a los anteriores, siendo los que se desarrollan en comportamientos de carácter impulsivo, impremeditados o en los que la fase interna de deliberación se ve fuertemente comprimida, dando lugar a un fugaz tránsito de la ideación a la acción.

A la hora de ponderar, en el caso concreto, los factores de proximidad en madurez psíquica, deben considerarse los elementos que han intervenido en la relación o intercambio sexual y los factores contextuales relevantes (ambientales y personales), a los efectos de encuadrar las decisiones adoptadas en el marco de las acciones de "cognición fría o caliente".

A partir del estudio individualizado, se obtendrán factores psicométricos, con las correcciones correspondientes, para permitir una cierta "comparativa de madurez" con arreglo a parámetros y variables cuantificadas, a partir de las escalas obtenidas –con los oportunos factores de corrección–, de forma que la determinación de la proximidad se oriente a un modelo positivizado o estructurado de comparación, desarrollada con los mismos parámetros para ambas partes intervinientes, replicable como un protocolo o patrón, que permita dotar de una seguridad y fiabilidad adecuada a la ponderación de estos elementos.

4. LA VALORACIÓN DE LA PROXIMIDAD EN DESARROLLO FÍSICO

Mientras que los criterios valorativos del desarrollo o madurez psicológica, con todos los matices y aspectos enunciados, han sido objeto de una evolución y desarrollo conceptual a partir de los postulados de la psicología y de la psiquiatría, en orden al estudio de la personalidad y de la evolución de los seres humanos en tal esfera, resulta particularmente dudosa la cuestión de la necesidad de comparación entre magnitudes de carácter físico, a los efectos del grado de desarrollo en este ámbito.

Como se analizó en otros momentos del estudio, resulta a nuestro juicio patentemente irrelevante para valorar la adecuación a Derecho de una potencial conducta de interacción sexual consentida por un menor de 16 años su proximidad de desarrollo físico con otro.

A los efectos de la valoración física del desarrollo puberal, en atención a una potencial comparativa, entendemos que existen algunas escalas potencialmente referenciales a los efectos de estandarizar las apreciaciones descriptivas. Quizá la más relevante es la creada por el endocrinólogo británico Tanner (1962), que identifica 5 etapas desde el desarrollo infantil de los órganos sexuales al propio de la edad adulta. También es frecuente acudir, a los efectos de valorar el inicio de la edad puberal del varón, a la medición con el orquidiómetro de Prader[101].

Dichas escalas tienen una eficacia limitada, y algunos autores en las ciencias forenses las descartan para ciertos usos, como la ponderación de las imágenes pornográficas de menores, como recuerda y explica Gabrielli (2019, pp. 28, 30 y 33).

Su valor para verificar la proximidad de desarrollo físico entre los integrantes de la acción sexual es, metodológicamente hablando, limitado y solo

101. V. AGÜERO, G. y BERNER, E. (2021,pp. 251-258).

puede contribuir a advertir desde un plano físico la existencia de signos externos de inicio de la pubertad o el grado de desarrollo puberal.

5. POSTURA PERSONAL INTERPRETATIVA EN TORNO A LA EXIGENCIA DE LA PROXIMIDAD EN GRADO DE DESARROLLO O MADUREZ FÍSICO Y PSICOLÓGICO

Conviene advertir de la inexistencia de modelos de intervención psicológico-forenses protocolizados a nivel nacional, que se funden, como el que nos hemos limitado a esbozar, en grandes líneas, por tratarse de aspectos que se escapan a nuestro objeto de investigación y a los precisos conocimientos que hacen falta para su exposición detallada.

No obstante, se puede aseverar que, a día de la fecha de depósito de esta investigación, no existen protocolos uniformemente acordados en todos los Institutos de Medicina Legal y Ciencias Forenses de España para la valoración del grado de madurez psicológica, a pesar de que se trata de una cuestión conflictiva, sobre la que se requiere asiduamente por los Juzgados y Tribunales que se efectúen valoraciones periciales al efecto.

Ello es así en tanto que, aun cuando la verificación de la concurrencia de los requisitos legales de aplicación del art. 183 bis CP atiende a una cuestión jurídico-penal, que entronca en el ámbito de la esfera valorativa del órgano de instrucción y/o enjuiciamiento, el aspecto subjetivo de la cláusula (valoración del grado de madurez psicológico, también el físico, pero en menor medida) requieren, para que se pueda efectuar de una manera rigurosa y metodológicamente aceptable, que se proceda a una intervención pericial, en orden a desarrollar a través de una técnica secuenciada y contrastable de los factores integrantes de la madurez psicológica de los individuos.

Los procedimientos para la comparación del desarrollo madurativo de los explorados tienen que encontrarse debidamente estandarizados, para poder ofrecer resultados que reúnan unas adecuadas condiciones para su interpretación por los Tribunales. A la par, los modelos, escalas y elementos psicométricos a través de los que se pretenda objetivar y analizar los factores madurativos deben encontrar expresión en el informe que resulte de la labor pericial, para que permita verificar a los intervinientes y a los propios órganos de instrucción y/o enjuiciamiento la concurrencia de un proceso metodológicamente adecuado para alcanzar las conclusiones obtenidas, como factor de comprobación de la validez del estudio desarrollado.

Precisamente, teniendo la labor pericial, como objeto último, el sustento técnico de una decisión judicial, debe exigirse una peculiar diligencia a los profesionales que desarrollen tal cometido, sustanciada en una formación específica para tales valoraciones y una observancia de los métodos experimentales contrastados.

A tal efecto, conviene recordar la exigencia fijada en el art. 478 de la Ley de Enjuiciamiento Criminal, cuando refiere que "*El informe pericial comprenderá, o el estado o del modo en que se halle. El Secretario extenderá esta descripción, dictándola los peritos y suscribiéndola todos los concurrentes; 2.º Relación detallada de todas las operaciones practicadas por los peritos y de su resultado, extendida y autorizada en la misma forma que la anterior; 3.º Las conclusiones que en vista de tales datos formulen los peritos conforme a los principios y reglas de su ciencia o arte*"[102].

Precisamente, es la propia norma legal la que compele –en la medida de lo posible– a que el/los perito/s deban proceder, en el ámbito de su labor, a emitir un informe justificándose de manera "detallada" las "operaciones practicadas", lo que conduce a censurar aquellas valoraciones o comparaciones del grado de madurez *de visu* o desarrolladas sin observancia –o expresión, en su caso– de los criterios objetivos e impresiones que permitan garantizar la reproducibilidad y la refutabilidad de los criterios valorativos, constituyendo ambos factores los elementos axiomáticos del método científico[103].

Según nuestro planteamiento, que hemos ya enunciado en el capítulo anterior en relación con el elemento cronológico, en los casos de simetría de edad, con una diferencia inferior o igual a dos años entre el menor de 16 años y la persona con la que entabla la relación o interacción sexual, potencial responsable de la acción penalmente relevante, compartimos la ausencia de necesidad o conveniencia de explorar el criterio madurativo de manera cumulativa.

Como recuerda Boldova Pasamar (2021a, p. 16), "*lo injusto de las acciones sexuales de estas personas con menores que consienten en ellas reside desde este punto de vista en la asimetría o desigualdad cronológica (y por ende generalmente*

102. Como recuerda la STS Sala II, n.º 436/2018, de 28 de septiembre (ECLI:ES:TS:2018:4121), FJ 2.º, citamos textualmente, "*los jueces no tienen por qué abarcar en su preparación y conocimientos todas las ramas del saber humano ni, por ello, todas materias que pueden ser sometidas a nuestra valoración; para aclarar el significado o valoración de ciertos hechos, han de acudir a los peritos que, con sus conocimientos, le informan en el marco de sus especialidades; el juez lo que ha de hacer es recoger los informes periciales y valorarlos, sacando las consecuencias jurídicas que de ellos se derivan; por ello el perito debe describir la persona o cosa objeto de la pericia, explicar las operaciones o exámenes verificados y fijar sus conclusiones (art. 478 LECrim) que tienen como destinatario el Juzgador*".

103. V. Específicamente, tales criterios para la prueba pericial penal se han estudiado en detalle, entre otros, por RICHARD GONZÁLEZ, M. (2017, p. 252).

también madurativa) entre los sujetos", por lo que es asumible que ante una proximidad tan extrema en edad, el grado de desarrollo o madurez sea equivalente, como presunción *iuris et de iure*[104].

En los demás casos en los que se suscita la aplicabilidad de la cláusula, será preciso hacer prueba sobre el grado de madurez psicológica de los intervinientes, con las consideraciones que hemos efectuado en este capítulo sobre su realización en condiciones metodológicamente aceptables en el proceso penal. Debe constatarse que, no obstante, atendiendo a la inexistencia de un modelo protocolizado y consensuado entre todos los órganos intervinientes, la realidad es que la praxis lleva a que las exploraciones y valoraciones periciales de la madurez se efectúen en condiciones manifiestamente inequitativas entre unos y otros lugares, lo que conduce a un plano de grave inseguridad jurídica. Mientras que en el caso de los mayores de 16 años, en sus relaciones entre sí, no se exige la concurrencia de una especial madurez ni hacer prueba respecto de la misma, la cláusula exige escrutar aspectos de una difícil medición y objetivación.

El método empleado y los operaciones efectuadas deben evidenciarse en el marco del proceso penal concreto, puesto no debe presumirse automáticamente su concurrencia, ni siquiera respecto de las pruebas periciales que provengan de órganos oficiales o públicos[105].

Respecto de estos últimos, recientemente se ha pronunciado el Tribunal Supremo[106], que ha sentado doctrina en materia administrativa con un planteamiento que parece perfectamente extrapolable a la valoración conforme a la "sana crítica" de la prueba pericial en otros órdenes jurisdiccionales[107]. Se pronuncia, con autoridad de doctrina jurisprudencial, la inadmisibilidad de la presunción de mayor objetividad e imparcialidad de un informe pericial exclusivamente en virtud del órgano (público) que emite tal dictamen, sino "*la mayor o menor solidez de cada uno de los dictámenes peri-*

104. No la denomina expresamente así el autor, pero se extrae de sus palabras tal consideración, cuando afirma que "*carece de sentido exigir la doble concurrencia de los requisitos de la cláusula, debiendo bastar el criterio cronológico con arreglo a una interpretación teleológica del art. 183 quater*".

105. Compartimos la preocupación expresada por DE LUCA, S./NAVARRO, F./ CAMERIERE, R. (2013), en la tendencia de algunos órganos judiciales (en sentido amplio) y operadores jurídicos consistente en ponderar las pruebas periciales en función de argumentos de autoridad (quién lo dice) y no por la calidad técnica contrastada (método y exposición del mismo).

106. V. STS, Sala III, n.º 202/2022, de 17 de febrero (ECLI:ES:TS:2022:597).

107. Ello, en la medida que, aunque incidentalmente el pronunciamiento recae en una cuestión contencioso-administrativa, la exégesis se efectúa respecto del art. 348 LEC, aplicable supletoriamente a todos los procesos, ex art. 4 LEC, por el carácter supletorio de tal norma.

ciales, teniendo en cuenta sus fuentes, su desarrollo expositivo, e incluso el prestigio profesional su autor". Caso contrario, supondría dar un tratamiento indebidamente privilegiado a los informes y dictámenes provenientes de la Administración, censurándose por la Sala que se les pudiera otorgar "*implícitamente el carácter de prueba tasada o legal*".

Lo precedente se señala, precisamente, para enfatizar la necesidad de una adecuada ponderación de los criterios de madurez psicológica en orden al método científico, que dote a la decisión judicial de una fundamentación técnica sólida, en atención a la apreciación o no del grado de proximidad madurativa.

Por último, como ya hemos referido en otros momentos del estudio (cfr. Parte I de la Tesis), cualquier valoración comparativa en el plano físico debe ser, con carácter general, descartada como un elemento de especial relevancia, particularmente en el ámbito de las relaciones sexuales consentidas –marco de aplicación de la cláusula–. Así, en plano puramente teórico rechazaríamos la proximidad en desarrollo físico en aquellos excepcionales casos en que resulten groseras diferencias anatómico-funcionales que afecten de manera negativa a la interacción sexual desarrollada y, en consecuencia, a la misma personalidad sexual y salud del sujeto de edad inferior a 16 años.

Sin embargo, nos resulta un supuesto prácticamente inverosímil, que es más propio de los casos conocidos en la jurisprudencia da por consumada la penetración con la mera *coniuctio membrorum* en casos de violación de menores de muy corta edad, por extrema desproporción de los genitales.

Por ello, no nos parece acertado reducir la cuestión de la intervención penal a una comparativa de elementos mesurables, puesto que ello ataca a una interpretación razonable del precepto y del sentido de su alcance.

De una ponderación rigorista de la proximidad en desarrollo físico –además de ser un aspecto que solo se exigiría en las relaciones de menores entre sí o con adultos jóvenes–, los factores de valoración podrían encaminarse hacia aspectos de carácter baladí, que nada tienen que ver con la madurez exigida por la cláusula para el válido desarrollo de la conducta sexual[108]. Paralelamente, pudiera incurrirse en el riesgo de abundar en elementos de naturaleza discriminatoria: por ejemplo, censurar la libre rela-

108. En este mismo sentido, aun cuando no se hablaba expresamente de desarrollo físico en la cláusula del art. 183 quater CP (actual 183 bis), ya advertía en su momento GÓMEZ TOMILLO, M. (2015, p. 536), que "*el nivel de desarrollo físico no debería ser un dato a considerar como decisivo cuando de proteger la indemnidad sexual del menor se trata*". Comparte la postura BOLDOVA PASAMAR, M. A. (2021a, p. 29).

ción, consentida, entre dos personas con semejante edad y grado de madurez, exclusivamente atendiendo a su desproporción física o a la concurrencia de una situación de discapacidad o diversidad funcional exclusivamente física, respecto de alguno de ellos.

En consecuencia, salvándose aquellos casos en los que exista un perjuicio directo e inmediato para el menor, derivado de la manifiesta desproporción de formas físicas, que sea por sí mismo lesivo, no parece razonable atender a otra interpretación comparativa. En todo caso, resulta altamente cuestionable poner en el mismo plano de relevancia la apreciación del grado de proximidad físico y madurativo-psicológico, puesto que lo trascendente en la exploración de las manifestaciones de la sexualidad activa a los efectos de su cuestionamiento en relación al libre desarrollo de la personalidad es la madurez psicológica de los integrantes, a los efectos precisamente de verificar que la decisión de desarrollar la conducta sexual responde a una "experiencia compartida"[109].

109. V. BOLDOVA PASAMAR, M. A. (2021a, p. 6). También de este criterio son LAMEIRAS FERNÁNDEZ, M./CARRERA FERNÁNDEZ, M. V./RODRÍGUEZ CASTRO, Y./ ALONSO ÁLVAREZ, A. (2014, pp. 51 y 62).

Capítulo IV

Naturaleza jurídica de la cláusula del art. 183 bis CP

SUMARIO: 1. PLANTEAMIENTO DE LA CLÁUSULA DEL ART. 183 BIS DEL CÓDIGO PENAL EN CLAVE DE CAUSA DE ATIPICIDAD. 2. PLANTEAMIENTO DEL ART. 183 BIS DEL CÓDIGO PENAL DESDE LA ÓPTICA DE LA CAUSA DE JUSTIFICACIÓN. 3. PLANTEAMIENTO DEL ARTÍCULO 183 BIS DEL CÓDIGO PENAL DESDE LA ÓPTICA DE LA EXCUSA ABSOLUTORIA.

Llegados a este momento de la investigación, procede clarificar las distintas posturas interpretativas en torno a la naturaleza jurídica de la cláusula del art. 183 bis CP, a partir de los postulados doctrinales más relevantes. Su comprensión, esencialmente, en clave de causas de atipicidad, causa de justificación o excusa absolutoria, es una cuestión de calado, puesto que la postura interpretativa por la que se opte determina unas consecuencias jurídicas de alcance (no solo penal, sino también en el orden de una eventual responsabilidad civil derivada del delito).

1. PLANTEAMIENTO DE LA CLÁUSULA DEL ART. 183 BIS DEL CÓDIGO PENAL EN CLAVE DE CAUSA DE ATIPICIDAD

Las causas de atipicidad son aquellas circunstancias, dice LUZÓN PEÑA (1995, p. 21), que excluyen la tipicidad de la conducta, y que por tanto, suponen negación del tipo. A su vez, distingue precisamente este autor entre "las causas que excluyen el tipo legal en el sentido de tipo indiciario del injusto, de modo que no hace falta seguir buscando circunstancias materiales de justificación, porque la conducta de entrada no es jurídico-penalmente relevante; y por otra parte, causas de exclusión, sólo de la tipicidad penal, en el sentido de que la conducta no llega a estar jurídicamente permitida o justificada, pero no es lo suficientemente grave como para constituir un injusto penal".

A nuestro parecer, la cláusula del art. 183 quater del Código Penal responde, por su naturaleza, a una causa de atipicidad, fundada en lo que LUZÓN PEÑA explica como un "*consentimiento no justificante pero penalmente relevante*" (p.30), en tanto que basta para apreciar el art. 183 bis CP, como elemento excluyente de la tipicidad penal, con que se verifique una situación fáctica de consentimiento del titular del bien jurídico, para lo que se efectúa la ulterior ponderación en torno a la proximidad etaria y madurativa, a los efectos precisamente de verificar que el consentimiento prestado reúna las condiciones mínimas necesarias para estimar que la acción o interacción sexual se ha desarrollado en condiciones isonómicas entre los intervinientes.

La irrelevancia e insuficiencia general del consentimiento del menor de 16 años, por carecer del desarrollo intelectivo y volitivo adecuado, no es elemento impeditivo para que operar el consentimiento como elemento excluyente de la tipicidad, cuando concurre en peculiares circunstancias legalmente tasadas, que le dotan de validez.

Siguiendo al referido autor (p. 31), se podría plantear si, cuando el art. 183 bis CP habla de "consentimiento", realmente, el legislador piensa en una mera "conformidad" con valor excluyente del tipo (*Einverständnis*), frente a un "consentimiento", en sentido estricto (*Einwilligung*), equivalente al de adultos.

Esta dicotomía, que pudo revestir más trascendencia en el caso de haber llegado a configurarse en el Código Penal un modelo de consentimiento expreso afirmativo, nos parece que no es determinante, en la medida a que nuestro modelo actual, tanto para adultos como para menores, se sustancia en la libre voluntad. Tal elemento puede presentarse como una mera conformidad (llamémosle asentimiento o aceptación) respecto de la acción de contenido sexual, o un consentimiento más entusiasta si se quiere, sin que

El consentimiento sexual de los menores no admite considerarse "diferente" en su esencia al de los adultos, sino que exige diversas consideraciones para su validez derivadas del marco relacional en el que se produce.

Mientras que en el caso de los adultos, lo determinante es que exista una anuencia o voluntad para la interacción, con los menores de 16 años, además procede valorar el entorno de proximidad etaria y madurativa, para concluir si el consentimiento prestado (que efectivamente, ha de concurrir como presupuesto para las valoraciones señaladas) es una expresión aceptable en Derecho de la voluntad del menor. Por el contrario, se castigará las conductas en las que, a pesar de que el menor se preste o incluso promueva la acción sexual, tal decisión no permita excluir la responsabilidad del otro integrante, por asumir el ordenamiento una posición intrínseca de poder, o al menos, de asimetría relacional, en los casos de falta de proximidad en edad y desarrollo madurativo.

El consentimiento del sujeto pasivo menor de 16 años excluye la afectación del bien jurídico, y por tanto, indiciariamente del tipo, puesto que precisamente no es que no se lesione su libertad o indemnidad sexual[110], sino que el menor, a través de ese consentimiento, ejerce una libertad sexual de proyección interactiva. Se trata de casos en los que se admite, tras la superación de varios tamices valorativos (de proximidad etaria y madurativa), considerar válidos los actos sexuales de éstos, en la expresión de su libertad sexual interactiva.

En estos casos, se conjuga la tutela general de la indemnidad sexual de los menores de 16 años, con la tutela de la libertad sexual positiva interactiva del menor, dotando de validez al consentimiento relativo a la acción sexual cuando concurren la proximidad referida.

En la doctrina española, la comprensión de la cláusula del art. 183 bis CP como causa de atipicidad ha tenido eco en la doctrina española, en autores como Boldova Pasamar (2023a, p.245), que lo concibe con tal naturaleza jurídica, derivándose su génesis de una cuestión de índole político-criminal que no se basa, según el autor, ni en la libertad sexual (inexistente o en su caso, condicionada); ni en la indemnidad sexual (puesto que no se valora si la personalidad sexual del menor ha quedado afectada tras la conducta sexual desarrollada), sino en una conceptuación moral mayoritaria, que rechaza las relaciones de menores con adultos, pero admite las de los menores entre sí. De hecho, la propia esencia de la cláusula del art. 183 bis CP exige concebir cómo las relaciones entre próximos en edad y desarrollo o

110. En sentido contrario a nuestro planteamiento, SÁNCHEZ DOMINGO, M. B. (2022, p. 484), que entiende que la existencia de la cláusula hace que el objeto de protección no sea la indemnidad sexual del menor, sino que abre un espacio a su libertad sexual. En este sentido, la indemnidad sexual no guarda a nuestro entendimiento una relación de contraposición a la libertad sexual, sino que es un elemento diverso y complementario, de manera que predicar la protección de la indemnidad sexual del menor de 16 años no implica excluir su libertad sexual *in genere*, desde nuestra conceptuación, sino solo una faceta concreta de la misma –la proyección positiva de carácter interactivo– y además, ni siquiera de forma plena. De hecho, la cláusula garantiza la indemnidad sexual del menor (frente a las afecciones de terceros, fuera de las interacciones con otros individuos con proximidad etaria y madurativa), pero también su libertad sexual positiva (puesto que, en sentido contrario, valida las relaciones con quienes sí se hallan en las condiciones que la cláusula establece).

madurez no traen consigo una lesión a la indemnidad sexual del menor involucrado, en cuanto a que no perjudican el desarrollo de su personalidad sexual (si bien al contrario, entendemos que se pueden considerar manifestaciones de tal evolución).

De una manera más genérica, las disquisiciones doctrinales de Quintero Olivares, Morales Prats y Prats Canut (1999, p. 472 y ss.), permiten deducir cómo, para estos autores, a la luz de la formulación del consentimiento como elemento excluyente, en ocasiones de la tipicidad, en otras de la antijuridicidad, en materia de delitos sexuales, se puede colegir una postura más favorable a entender la operatividad del consentimiento como causa de atipicidad, puesto que la existencia del mismo, determina el ámbito de la "sexualidad libre frente al crimen" (p. 478).

En este sentido, Tamarit Sumalla (2016, p. 351) viene a plantear, de una forma alternativa a la comprensión de la cláusula como una causa de justificación, la idea de que puede concebirse alternativamente también como una declaración expresa de la atipicidad de los supuestos de relaciones entre sujetos con proximidad en edad y grado de desarrollo o madurez, en tanto en el abuso sexual el consentimiento es un elemento esencial del tipo. En este mismo sentido se pronuncia también Boix Reig (2016, pp. 399 y ss.).

Por su parte, Esquinas Valverde (2018, p. 131) también apoya la idea de que estamos ante una cláusula de atipicidad. También comparte esta postura Gómez Tomillo (2015, p. 535), pudiéndose apreciar en fase instructora y correspondiendo su alegación a la parte a quien ataña tal exclusión de responsabilidad.

Otros autores adscritos a esta postura, con diversos matices, son García Álvarez (2015, p. 163), Díaz y García Conlledo/ Trapero Barreales (2016, pp. 886 y ss.), Rafols Pérez (2020, p. 170 y ss.) o, más recientemente, Sánchez Domingo (2022, p. 484).

De la doctrina del Tribunal Supremo, la mayor parte de las sentencias no entran a la cuestión de la naturaleza jurídica de esta cláusula.

Por excepción, debemos destacar la STS, Sala II, n.º 478/2019, de 14 de Octubre (ECLI:ES:TS:2019:3397), FJ 4.º, se puede advertir del razonamiento empleado para apreciar la cláusula, una forma de exclusión de la tipicidad de la conducta. Expresamente, la STS Sala II, n.º 700/2020, de 16 de diciembre (ECLI:ES:TS:2020:4332), FJ 2.º, recoge la anterior postura en sentido de "despificar" a través de su aplicación ciertas conductas que, en sentido contrario, se encontrarían si no existiera tal previsión normativa en el ámbito típico del art. 181.1 CP. En el marco de la doctrina judicial menor, existe algún pronunciamiento destacable, como la SAP Las Palmas, Sección 1.ª, n.º 34/2019, de 6 de febrero (ECLI:ES:APGC:2019:350), cuando advierte que "*no se trata de afirmar que el consentimiento libremente emitido del menor de 16 años hace justa la relación sexual sino que la proximidad de edad y grado de madurez entre dicho menor de 16 años y el autor determina la atipicidad por falta de afectación del bien jurídico*".

Nos adscribimos al planteamiento de concebir la cláusula del art. 183 bis CP como un modelo fundamentado en la exclusión de la tipicidad de la conducta, en caso de que concurra, respecto del sujeto activo, un grado de proximidad en desarrollo y madurez física y psicológica que permita validar el consentimiento sexual, que sirve como presupuesto a la aplicación de tal previsión legal. Precisamente, porque entendemos que la voluntad del legislador es llevar a la absoluta exclusión de trascendencia penal tal clase de relaciones, en supuestos de simetría etaria y madurativa, al constituir una expresión del desarrollo de la personalidad sexual del menor de 16 años.

2. PLANTEAMIENTO DEL ART. 183 BIS DEL CÓDIGO PENAL DESDE LA ÓPTICA DE LA CAUSA DE JUSTIFICACIÓN

Los delitos son acciones u omisiones típicas, antijurídicas, culpables y punibles, siendo en este último caso, no unánime la doctrina sobre su conceptuación como un elemento de la Teoría del Delito.

La causa de justificación es aquella construcción normativa que permite excluir la antijuridicidad de una conducta típica, cuando concurren las circunstancias y elementos tasados por la norma. Por ende, actúa como una excepción a la regla general del binomio tipicidad-antijuridicidad.

De esta forma, cabe predicar que la acción típica será, por lo común, antijurídica, salvo que concurra un elemento que excluya dicha valoración de confrontación de la conducta concreta del individuo frente al ordenamiento jurídico.

En su estudio sobre la antijuridicidad, en una obra monográfica, Díez Ripollés (2011), analizando los postulados de Günther, nos recuerda que la antijuridicidad penal, a diferencia de la general, atiende a la conducta previamente calificada como injusto típico, teniendo como "misión" la de "*verificar si cabe excluir el contenido de injusto que el tipo ha establecido inicialmente*", a través de la concurrencia de alguna circunstancia que opere para excluirla. Esto es, la causa de justificación, como un elemento que excluya "*el componente merecedor de pena de la conducta del sujeto, y por ende, su desa-*

probación específica penal, aun cuando no haya alcanzado el nivel de la aprobación jurídica o licitud".

Por su parte, Flores Mendoza (2016, pp. 213-214) apunta que la antijuridicidad se formula como un juicio de "*carácter general y objetivo, de valoración negativa y de reprobación de la conducta que realiza el ordenamiento frente a todos y con independencia de la capacidad y condiciones del sujeto*".

La esencia de la causa de justificación, como elemento excluyente de la antijuridicidad de una conducta, se patentiza en la existencia de una colisión de bienes jurídicos protegidos, donde la norma prepondera, en cierto tipo de conflicto, uno respecto de otro, al considerarlo prevalente.

En el caso que nos ocupa, cabría plantearse, desde la hipótesis de tratar de concebir el artículo 183 bis CP como un supuesto de causa de justificación, cuáles son los bienes en liza y, de ellos, cuál debe preponderar.

En este caso, la respuesta que se antoja como razonable es que se establecería una suerte de colisión en los casos de relaciones sexuales de menores de 16 años con otros sujetos, en la que se preponderaría su consentimiento (una manifestación de una libertad sexual positiva, de proyección interactiva), frente a la generalmente protegida indemnidad sexual, siempre que concurra esa proximidad en edad y grado de desarrollo o madurez.

Esta respuesta, empero, nos resulta jurídicamente insatisfactoria, en tanto que el efecto del consentimiento es, directamente, excluir la existencia de conducta típica, delimitando por ende los tipos del abuso sexual a menores de 16 años, a aquellos supuestos en que no haya existido un consentimiento de estos, cuando el victimario fuere persona próxima a la víctima en edad y grado de desarrollo o madurez.

Compartimos con Sánchez Domingo (2022, pp. 483-484), sus dudas acerca de la posibilidad de afirmar en la sociedad actual, en la que existe una marcada precocidad, que las conductas sexuales (particularmente, las de menor intensidad lúbrica), sean consideradas por el legislador como potencialmente típicas, particularmente cuando se desarrollen en un marco de experiencia compartida y como manifestación de la disposición de la propia sexualidad.

En nuestro entorno, son escasas las voces que apuesten firmemente por la tesis de la conceptuación de la causa de justificación, pudiendo destacar la postura de Escobar Jiménez (2018).

3. PLANTEAMIENTO DEL ARTÍCULO 183 BIS DEL CÓDIGO PENAL DESDE LA ÓPTICA DE LA EXCUSA ABSOLUTORIA

Higuera Guimerá (1993, p. 31) atribuyó a Silvela la primera referencia en la doctrina penal española al concepto de excusa absolutoria, para referirse a aquellos supuestos tasados por la norma en que se procede a eximir de responsabilidad penal a las personas que realizan un acto constitutivo de delito (por ende, que desarrollan una acción u omisión típica, antijurídica y culpable) por exclusión de la punibilidad.

En el caso que nos ocupa, los autores que postulan esta cláusula como excusa absolutoria, inexorablemente conciben la misma como una previsión de naturaleza personal (a diferencia de las condiciones objetivas de punibilidad, que tienen el carácter precisamente objetivo), de carácter precedente al delito y que no exige un comportamiento singular del sujeto activo (es decir, no se funda la exclusión de la pena en un comportamiento postdelictual de signo favorable), a modo de lo que la doctrina tradicional alemana llamaría una causa personal de exclusión de la pena (que no se debe confundir con inmunidades personales).

Debemos destacar, en este sentido, la posición de autores como Suárez-Mira/ Judel Prieto/Piñol Rodríguez (2018, pp. 248-249), favorables a la concepción como excusa absolutoria. También la Fiscalía General del Estado, a través del Fiscal de Sala de Menores, se ha mostrado proclive a esta interpretación[111], y alguna Sentencia –a nivel de Audiencia Provincial[112]– ha acogido expresamente también la tesis de la naturaleza de excusa absolutoria del precepto; si bien son más las que no entran a valorar la naturaleza jurídica del precepto controvertido, sino, simplemente, se limitan a aplicarlo o no en los casos concretos, con criterios, a su vez, poco uniformes, especialmente en lo que a los rangos de proximidad de edad atañe.

111. Fiscalía General del Estado (España). (2015, diciembre). *Sobre criterios de aplicación del art. 10 de la LORPM, en delitos contra la libertad sexual, tras las reformas del CP por LO 5/2010, de 22 de junio y LO 1/2015, de 30 de marzo* (Dictamen 2/2015).

112. V. por todas e ilustrativamente, la SAP de Córdoba, Sección 3.ª, núm. 441/2019, de 14 de Octubre.

Propuesta de regulación de lege ferenda de la cláusula de exención y atenuación de responsabilidad penal por consentimiento del menor

A continuación, plasmamos una propuesta de regulación de *lege ferenda,* de la materia que nos atañe. Se trata de una propuesta que fue planteada y defendida ante el Tribunal de defensa de la tesis doctoral y que entendemos que se presenta como una aportación, pretendidamente sistemática, de una formulación normativa que se sustanciaría, como punto de inicio, en la reducción de la edad de consentimiento a 14 años desde los actuales 16 (es la hipótesis esencial). A partir de ahí, ofrecemos la siguiente construcción teórica:

1.– **Si la edad de consentimiento sexual, como proponemos, se redujera a 14 años, la cláusula actual del art. 183 bis CP, tendría una menor grado de aplicación,** esencialmente, porque en la franja de edad de 14 a 16 años es donde se presentan la mayor parte de los supuestos conflictivos[113], sobre todo desde el plano del sujeto activo del delito.

2.– **Para los supuestos de sujetos que interactúen sexualmente de manera comúnmente acordada cuando tienen ambos una edad inferior a 14 años,** la cuestión estriba resulta jurídicamente irrelevante desde la óptica penal y tan solo puede revestir algún interés particular en el seno de los mecanismos de protección del menor, en el marco de otra clase de intervenciones. Si mediara un acto sin consentimiento, en efecto, sí sería objeto de intervención de tales instituciones, *ex* art. 3 LORPM.

113. En el documento "Resultados del estudio HBSC 2018 en España sobre conducta sexual", editado por el Ministerio de Sanidad, valorándose de las tendencias desde 2002, se avanza que las relaciones sexuales coitales se han ido haciendo más frecuentes entre los y las adolescentes de 15 a 18 años (declaran haberlo mantenido en 2002 el 26,2% y en 2018 el 35,1%), advirtiéndose un descenso en la edad de inicio de este tipo de relaciones, cuya media se sitúa en 2018 en ese tramo de edad analizado en 14,33 años (frente a los 14,61 de 2002); v. https://www.mscbs.gob.es/profesionales/saludPublica/prevPromocion/promocion/saludJovenes /estudioHBSC/docs/HBSC2018/HBSC2018_ConductaSexual.pdf. Recuperado el 30 de abril de 2023. También, en este sentido, BOLDOVA PASAMAR, M. A. (2021a, p. 9).

3.– **En los casos en los que ambos sujetos sean mayores de 14 años y menores de 18 años; o uno de los sujetos sea menor de 14 años, y el otro mayor de 14 años y menor de 18 años**, entendemos que debería predicarse, en el ámbito de las interacciones sexuales acordadas o consentidas por ambos integrantes, su general irrelevancia penal. Son manifestaciones del desarrollo de la personalidad sexual que, aun incluso considerándose en algún caso precoces –razonablemente, respecto de los sujetos de 14 años o menos, aunque siempre superior a 11 años, en el caso de acceso carnal– no han de revestir medida alguna de carácter educativo-sancionador, en tanto que se fundamenten en la concurrencia del consentimiento de los integrantes.

A tal efecto, la cláusula podría reformularse, señalando:

"1. El consentimiento libremente prestado de los menores de 14 años realizados con menores de 18 años, en los actos de naturaleza sexual realizados entre sí, excluye la responsabilidad penal siempre que la diferencia de edad sea inferior a dos años. Cuando la diferencia de los sujetos sea superior a dos e inferior a cinco años, se valorará el grado de proximidad en desarrollo o madurez, la naturaleza del comportamiento sexual, así como las circunstancias personales y sociales concurrentes, a los efectos de valorar por el Juez de Menores, a instancia del Ministerio Fiscal y/o la acusación particular, la necesidad de aplicar una medida educativo-sancionadora".

4.– **En el caso de que un sujeto sea menor de 14 años, y el otro integrante sea mayor de 18 años**, se propone una redacción de la cláusula de este tenor:

"2. El consentimiento libremente prestado de los mayores de 11 años y menores de 14 años en los actos de naturaleza sexual realizados entre éstos y mayores de edad, eximirá de responsabilidad penal, solo cuando concurran las siguientes circunstancias:

a) *Si la diferencia de edad es igual o inferior a 6 años, se valorará el grado de proximidad en madurez o desarrollo y las circunstancias personales y sociales concurrentes en el ámbito de la interacción sexual, pudiéndose eximir de responsabilidad criminal en caso de apreciarse tal proximidad. En caso de que los factores anteriores no permitieran una exención completa, el Juez o Tribunal, podrá atenuarse la pena en uno o dos grados.*

b) *Si la diferencia de edad es superior a 6 años, e igual o inferior a 8 años, solo podrá tener el efecto de aplicar la pena en su mitad inferior, pudiendo llegar hasta la mitad superior de la inferior en grado, si se aprecia proximidad en grado de madurez psicológica y función de las circunstancias personales y sociales concurrentes en el ámbito de la interacción sexual".*

5.– **En el caso de que uno de los partícipes sea menor de 11 años, su consentimiento será irrelevante, como presunción *iuris et de iure* y para el caso de actos sexuales con acceso carnal,** de forma complementaria a las reglas anteriores, no dando lugar a fundamentar exención o atenuación, sin perjuicio de la posible aplicación de las reglas del art. 14 CP. Se sugiere una redacción:

> *"3. En caso de menores de edad igual o inferior a 11 años, su consentimiento carecerá de validez a los efectos de fundamentar la exención o atenuación de la responsabilidad criminal por razón de tal edad en los actos que impliquen acceso carnal, sin perjuicio de las reglas del art. 14 de este Código, cuando así proceda su aplicación".*

Conclusiones

PRIMERA.– La capacidad de autodeterminación de la persona constituye el presupuesto esencial para la formación del consentimiento sexual, piedra angular del ejercicio de la libertad sexual en sus diversas manifestaciones. La autodeterminación sexual es expresión de la dignidad humana, reconocida en el art. 10 CE, a modo de un "*valor espiritual y moral inherente a la persona*" (cfr. STC 53/1985), que implica que existan ciertos bienes tutelados por el Derecho sobre los que el individuo goza de un poder de disposición, entre los que se encuentra el ejercicio libre de su sexualidad (esto es, la libertad sexual).

El consentimiento sexual abarca todas las manifestaciones de voluntad del individuo para involucrarse, participar o intervenir en una conducta sexual interactiva, con mayor o menor grado de intensidad respecto del objeto de la acción, bastando la mera tolerancia para considerarlo penalmente válido, en la medida que se tutela la libertad sexual y no otros aspectos, como la satisfacción sexual o la afectividad humana.

En el ordenamiento español vigente el consentimiento sexual puede ser prestado de forma expresa, tácita e, incluso, presunta, según en qué circunstancias. No existe una limitación derivada de la literalidad de la norma que excluya tales formas de manifestación de la voluntad como formas de prestar un consentimiento jurídicamente válido. La exigencia de un consentimiento sexual expreso, bajo la premisa de la implementación por el legislador español de un modelo afirmativo de consentimiento, no se compadece con una exégesis de la norma adecuada con principio de legalidad de los delitos. El concepto "claro" no conduce, necesariamente, a un consentimiento afirmativo. Por otro lado, no existe ninguna norma en el ordenamiento jurídico español (nacional o incorporada, virtud de los tratados internacionales, *ex* art. 96 CE), que imponga realizar una interpretación necesariamente acorde con tal postulado.

SEGUNDA.– Desde una perspectiva comparada, la edad de consentimiento sexual actual en España, fijada en 16 años, se encuentra dentro de la media de los Estados analizados. En los ordenamientos estudiados, aparecen modelos que optan por la fijación de cláusulas semejantes a la española del art. 183 bis CP, si bien, proponiendo generalmente la fijación de marcos de edad determinados (criterio cronológico puro), aspecto que contribuye a la seguridad jurídica.

Nuestra postura personal es la de apostar, como se ha pronunciado una buena parte de la doctrina, por la conveniencia de fijar la edad de consentimiento sexual en 14 años. Fundamentalmente, por la ponderación de criterios biológicos, (desarrollo sexual físico y psicológico) pero también sociorelacionales (tendencia a una precocidad en el inicio de las experiencias sexuales interactivas, que se sitúa muy por debajo de la edad de 16 años), que lleva a clandestinizar o cubrir de sospechas las relaciones que responden, en la mayoría de casos, a actos de descubrimiento y experimentación sexual coherentes con el desarrollo de la personalidad de los menores en esta esfera existencial.

Por otro lado, la reducción propuesta de la edad de consentimiento sexual, es consecuente con otras normas del ordenamiento jurídico que, como la LORPM, establece la edad de 14 años como relevante para una eventual responsabilidad penal y a la que se asocia una capacidad de inhibir su comportamiento antijurídico. Asimismo, dicha edad es acorde con la previsión legal de solicitar o promover la rectificación del sexo registral con la mera asistencia de los progenitores o tutores (que no representación), en los términos del art. 43 de la Ley 4/2023, de 28 de febrero.

No soslayamos los posibles efectos colaterales indeseables, respecto de la impunidad de interacciones de menores de 14 y 15 años con adultos no jóvenes, en caso producirse la reducción de la edad de consentimiento sexual a 14 años. No obstante, tales hipótesis seguirían siendo objeto de interés del Derecho Penal cuando el consentimiento hubiera sido obtenido de manera viciada, por razón de la edad y vulnerabilidad del menor.

Por ello, atendiendo a las actuales figuras del Título VIII del Libro II CP, la reducción de la edad de consentimiento a los 14 años no incrementa el riesgo de una manera intolerable.

Por el contrario, semejante propuesta excluiría del escrutinio del Derecho Penal las acciones sexuales, en el marco de la juventud, respecto de personas a las que el ordenamiento les reconoce, desde los 14 años, la aptitud para el ejercicio de derechos que comportan riesgos para bienes de mayor interés jurídico (*v.gr.* el derecho a la vida, con relación a la extensión de permisos de conducción de vehículos o tenencia de armas).

De esta forma, se contrarrestaría el efecto negativo de una criminalización de la sexualidad adolescente y juvenil, eludiendo la victimización, que podría ser primaria, de los jóvenes sometidos a una investigación penal (tanto del autor, como de los partícipes, así de la como presunta víctima), que puede conducir por sí misma a atentar contra la integridad psíquica y la intimidad de los individuos involucrados, al sustanciarse en procesos indagatorios o exploratorios de variados aspectos de la esfera más profunda de la privacidad.

TERCERA.– En lo relativo al criterio de proximidad cronológica, debemos concluir que el precepto vigente adolece de los elementos necesarios para poder considerarlo satisfactorio conforme a los principios de taxatividad y seguridad jurídica, puesto que somete el enjuiciamiento sobre la concurrencia de dicho requisito a una valoración singularizada, sobre la que no existen criterios legalmente determinados.

En rangos de edad de hasta dos años de diferencia entre los sujetos, siendo al menos uno de ellos, menor de 16 años, estimamos concurrente la simetría de edad. Esta debería apreciarse *ope legis*. Acreditada dicha circunstancia, debería quedar excluido el análisis de la proximidad madurativa, en cuanto sería presumible la misma *iuris et de iure* ante la escasa diferencia etaria.

En casos de rangos de diferencia de edad de dos a cinco años, siendo uno de los sujetos mayor de edad, entendemos que procede la exploración de la proximidad en grado de desarrollo o madurez, a los efectos de poder excluir la responsabilidad criminal en aquellos casos en los que, no siendo completamente simétrica la edad, no exista lejanía cronológica, pero además, concurra cierta proximidad en el plano psicológico o madurativo de los sujetos implicados. La proximidad física no es un elemento valorativo decisivo en este sentido. La exploración de la madurez y proximidad en desarrollo, debe ser menos incisiva cuanto menor grado de intensidad tenga la acción sexual analizada.

Una diferencia cronológica superior a cinco años e inferior a diez, puede ser tomada en consideración, en según qué casos, como eximente de manera excepcional (*v.gr.*, en supuestos de acciones sexuales de escasa intensidad), en tanto que el efecto atenuante debe ser más ampliamente contemplado. No obstante, nuestra comprensión se contrapone a la reciente doctrina del Tribunal Supremo, referida en la Sentencia nº 930/2022 (caso "Arandina"), que rechaza la aplicación de la atenuante por analogía del art. 21.7ª CP, en relación con el art. 183 bis CP.

Frente a la anterior posición, encontramos razones para sostener que procede la apreciación del art. 21.7ª CP en relación con el art. 183 bis CP, en tanto que la fundamentación de la cláusula estriba en el ejercicio de un derecho a la sexualidad activa del menor de 16 años, en un marco de proximidad etario y madurativo, de forma que la concurrencia de ambos factores excluye lo injusto. En correlación, entendemos que la presencia de uno solo de ellos, no puede ser considerada como irrelevante a los efectos de lo injusto, puesto que produce una reducción del mismo. De tal forma, aunque la conducta ya no puede ser considerada atípica (en tanto que no cabe graduar la tipicidad), sí cabe graduar lo injusto en el marco del desvalor de la acción y del resultado, mediante la aplicación analógica del art. 21.7ª en relación con los arts. 20.7º y 183 bis CP, al encontrarnos en el supuesto del ejercicio de un derecho de la personalidad, y, en concreto, de una manifestación de la libertad sexual interactiva, si bien de manera imperfecta o incompleta en cuanto a los requisitos legales para su validación, que implica una reducción significativa de lo injusto.

CUARTA.– Para medir la proximidad en madurez psicológica, se propone la implementación generalizada y protocolizada en todo el sistema judicial español de modelos estandarizados de análisis objetivo psicométrico (tipo test PSYMAS o similares).

A través de una aplicación sistemática, se podría garantizar una exploración de esta faceta de la personalidad (esto es, la madurez psicológica, con especial incidencia en el plano sexual), observando los estándares científicos de refutabilidad y replicabilidad, que identifican al método empírico.

Ante la inexistencia de criterios uniformes en la exploración de la madurez psicológica y física, que hayan sido establecidos en normas procedimentales ni sustantivas, los análisis de tales elementos se conducen por los cauces de la incertidumbre e inseguridad jurídica. Lo anterior, reviste particular importancia, en la medida que tales exploraciones periciales son potencialmente determinantes para la aplicación de la cláusula de atipicidad o para su rechazo, en tanto que, tratándose de conceptos extrapenales, el recurso a los profesionales especializados constituye la práctica habitual de los tribunales. Por ello, debe garantizarse una uniformidad y coherencia en los criterios valorativos, censurándose –por supuesto– aquellos dictámenes sustentados en meras impresiones o apreciaciones subjetivas.

De tal manera, se propone que de *lege ferenda,* se establezcan reglamentariamente una serie de protocolos y actuaciones unificadas en el marco de las exploraciones desarrolladas en los Institutos de Medicina Legal y en los Equipos Psicosociales, como órganos que pertenecen o prestan servicio a la

Administración de Justicia. El objetivo es asegurar unas garantías metodológicas mínimas y necesarias para dotar de validez científica a los resultados de las exploraciones, que habrán de constar siempre en el informe oportuno.

Respecto a la relación entre proximidad en madurez psicológica y desarrollo físico, entendemos que el primero de los factores ha de preponderar respecto del segundo, constituyendo la equiparación de tales aspectos un defecto técnico-legislativo, que hunde su origen en la Directiva 93/2011/UE, y que se incorporó tardíamente en nuestra norma penal.

Frente a los métodos de comparación de la madurez psíquica, la valoración física comparativa del desarrollo externo (mediante las escasas escalas existentes, como la de Tanner, o el orquidiómetro de Prader) ofrece una información muy poco concluyente desde el plano de la aptitud de los sujetos con objeto de configurar su consentimiento en las condiciones penalmente adecuadas para validar la concurrencia de la proximidad en este aspecto, respecto de la práctica de la sexualidad activa.

Por tanto, las divergencias físicas no deberían determinar una inaplicabilidad de la cláusula. Solo en caso de que exista un riesgo patente o daño derivado de la desproporción física, se podrá considerar, siempre de manera subsidiaria a la comparación de la madurez psicológica, a los efectos de la decisión final que corresponda adoptar.

QUINTA.– En atención a la naturaleza jurídica de la cláusula del art. 183 bis CP, concluimos, tras el estudio de las diversas opciones interpretativas, que el legislador la formula como una cláusula de atipicidad, sustentada en el derecho del menor a poder disponer (limitadamente, en el marco de la propia dicción del precepto, entre próximos en edad y grado de desarrollo o madurez física y psicológica) de una libertad sexual positiva interactiva, que se complementa con la tutela penal de la indemnidad sexual que, como regla general, preserva al menor de 16 años de las interacciones sexuales con terceros ajenos al marco de la cláusula, como una garantía de protección del desarrollo de su personalidad sexual (por encima de su deseo o voluntad de actuar sexualmente).

SEXTA.– Es necesario considerar un cambio de paradigma en la interpretación de la tutela penal del ejercicio activo de la sexualidad de los menores en general, y en particular, de los que no alcanzan la edad de autodeterminación sexual.

No se trata en este momento de valorar la conveniencia de una reducción de la edad penal del consentimiento en el sentido propuesto en esta tesis, sino de optar por una nueva perspectiva en cuanto al sistema implementado a partir de la cláusula del art. 183 bis CP, pues a partir de éste, parece deducirse un modelo de intervención penal que puede resultar contraproducente con el desarrollo de la personalidad sexual de los menores durante su tránsito por la adolescencia (desde los 14 años en adelante, particularmente, que es el marco de edad a partir del que, desde el plano demoscópico, se inician las interacciones sexuales con mayor nivel de intensidad).

El establecimiento del ejercicio interactivo de la libertad sexual en la franja etaria y madurativa propia de la adolescencia como una excepción, frente a una regla general de prohibición de todo contacto sexual con menores, resulta contrario a los estándares que han de regir la protección del libre desarrollo de la personalidad sexual de los menores. El desarrollo de la personalidad sexual se sustancia en un conjunto de conocimientos que se adquieren por medio de las sucesivas experiencias e interacciones sexuales, que los menores, en tanto sujetos de derechos fundamentales y de la personalidad, adquieren de modo progresivo durante esa etapa de evolución.

Es preciso dotar a los adolescentes de un marco de seguridad jurídica para el ejercicio de su libertad sexual, que no categorice la tal actividad como una conducta legalmente censurable de principio, con efectos negativos para sus participantes, incluso aunque resulten exentos de responsabilidad criminal, lo que las abocaría a cierta clandestinidad.

Por el contrario, la tutela del Derecho Penal debe dirigirse a sancionar exclusivamente aquellos actos sexuales realizados con menores que pongan en peligro o lesionen el desarrollo de su personalidad sexual, siempre interpretando la injerencia del Estado en esta faceta desde una perspectiva restrictiva y acorde con los principios de lesividad e intervención mínima, y coherente con los derechos fundamentales de los afectados.

Por ello, en conclusión, se propone que la actividad sexual entre jóvenes, a partir de cierta edad (que nosotros sugerimos sea a partir de los 14 años), sea considerada generalmente lícita y al margen del interés de su reprensión por el Derecho Penal, siendo excepcional la aplicación de una cláusula como la del art. 183 bis CP, para los supuestos sugeridos *de lege ferenda,* en la línea sugerida por Boldova Pasamar (2021).

Para ello, se exige reformular la cláusula, de modo que el criterio cronológico se convierta en el punto de referencia único para valorar la licitud del comportamiento consentido. Esto implicaría no solo apreciar la licitud del comportamiento con base exclusivamente en el criterio cronológico para diferencias iguales o menores a 2 años, sino extender esta consideración a los comportamientos libremente desarrollados por y entre menores sin diferencias de edad relevantes o manifiestas, que llevarían a indicios claros de diferencias madurativas, sin perjuicio de los matices efectuados en las prácticas de mayor intensidad lúbrica.

Con ello, se conseguiría evitar la estigmatización de una evaluación de los menores implicados, por establecerse una regla general de permisión entre menores de las conductas sexuales y evitar la fiscalización de tales comportamientos, que deberán ser tenidos como generalmente lícitos.

En cambio, en el caso que uno de los sujetos sea adulto, la regla general ha de ser la opuesta, la prohibición de las conductas sexuales con menores por debajo de la edad de consentimiento sexual, sin perjuicio de la operatividad de la cláusula analizada, en los casos de proximidad cronológica y madurativa.

Bibliografía

Agüero, G./ Berner, E. (2021). Concordancia en la medición testicular de varones adolescentes con 3 métodos de orquidometría. *Archivos Argentinos de Pediatría, 4*(119), 251-258.

Alarcón, N. (2020, 2 julio). Bruselas pide multar a España por incumplir normas europeas de registro de pasajeros. *El Confidencial.* https://www.elconfidencial.com/economia/2020-07-02/bruselas-espana-normas-europeas-registro-de-pasajeros_2665640/

Albrecht, H. J. (1986). Entwicklungstendenzen des Jugendkriminalrechts und stationäre Freiheitsentziehung bei jugendlichen Straftätern in den USA. *Jugendstrafe und Jugendstrafvollzug – Stationäre Maßnahmen der Jugendkriminalrechtspflege im internationalen Vergleich, 2,* 1211-1306.

Alfaro González, M./ Vázquez Fernández, M. E./ Fierro Urturi, A. (2015, 9 septiembre). Hábitos sexuales en los adolescentes de 13 a 18 años. *Revista Pediatría en Atención Primaria.* https://pap.es/articulo/12218/#bibliografia

Alonso García, R. (2008). La inserción del derecho europeo en el ordenamiento español (Informe del Consejo de Estado de 14 de febrero de 2008). *Revista de Derecho Comunitario Europeo, 12*(29), 7-17. https://dialnet.unirioja.es/descarga/articulo/2598363.pdf

Allen, M./ Edwards, I. (2021). *Criminal Law.* Oxford University Press.

Álvarez Fernández, A./ Martín Palacio, M. E./ Bermúdez Rey, T. (2009). Competencias de desarrollo personal y social: la idea de madurez como institución antropológica. *International Journal of Developmental and Educational Psychology, 2,* 663-670.

André, C. (2021). *Droit pénal spécial.* Dalloz.

Arzoz Santisteban, X. (2003). Métodos de transposición y requisitos jurídicos europeos e internos. En X. Arzoz Santisteban (Ed.), *Transposición de directivas y autogobierno* (pp. 75-147). Institut d'Estudis Autonòmics.

Becerra García, J. A. (2012). Consideraciones sobre la clasificación diagnóstica de la pedofilia en el futuro DSM-V. *Cuadernos de Medicina Psicosomática y Psiquiatría de enlace, 103*, 49-54.

Boix Reig, J. (2016). *Derecho Penal: Parte especial*. Iustel.

Boldova Pasamar, M. A. (2021a). La relatividad legal de la edad de consentimiento sexual de los menores de dieciséis años: regla y excepción. *Revista Electrónica de Ciencia Penal y Criminología*. http://criminet.ugr.es/recpc

Boldova Pasamar, M. A. (2021b). Minoría de edad y delitos sexuales. En A. Abadías Selma, S. Cámara Arroyo, y P. Simón Castellano (Coords.), *Tratado sobre delincuencia juvenil y responsabilidad penal del menor* (pp. 407-423). Wolters Kluwer.

Boldova Pasamar, M. A. (2023a). Delitos contra la libertad e indemnidad sexuales I. En C. M. Romeo Casabona/ E. Sola Reche/ M. A. Boldova Pasamar (Coords.), *Derecho Penal. Parte especial* (3a Ed., pp. 217-249). Editorial Comares.

Boldova Pasamar, M. A. (2023b). Delitos contra la libertad e indemnidad sexuales II. En C. M. Romeo Casabona/ E. Sola Reche/ M. A. Boldova Pasamar (Coords.), *Derecho Penal. Parte especial* (3a Ed., pp. 249-279). Comares.

Cerezo Mir, J. (2004). *Curso de Derecho Penal español: Teoría jurídica del Delito* (6a, Vol. 2). Tecnos Editorial.

Cornachione Larrínaga, M. A. (2006). *Psicología del desarrollo. Adultez*. Alianza Editorial.

De Luca, S./Navarro, F./ Cameriere, R. (2013). La prueba pericial y su valoración en el ámbito judicial español. *Revista Electrónica de Ciencia Penal y Criminología, 15*.

De Querol, R. (2013). *El posmacho desconcertado*. EL PAÍS Selección

De Vicente Martínez, R. (2004). *El principio de legalidad penal* (1.ª ed.). Editorial Tirant Lo Blanch.

Decaminada, F. (1995). *Maturità affettiva e psicosessuale nella scelta vocazionale*. Monti.

Desrosiers, J. (2012). *Sexual Assault in Canada* (E. A. Sheehy, Ed.). Amsterdam University Press.

Díaz y García-Conlledo, M./Trapero Barreales, M. A. (2016). La «edad de consentimiento sexual» en la reforma del Código Penal de 2015. En S. Bacigalupo Saggese/ B. J. Feijoó, /J. I. Echano Basaldua (Coords.), *Estudios de Derecho Penal* (pp. 871-894). Centro de Estudios Ramón Areces.

Díez Ripollés, J. L. (2011). *La categoría de la antijuridicidad en el Derecho Penal*. Editorial B de F.

Díez Ripollés, J. L. (2016). *Derecho Penal Español. Parte General* (4.ª Ed.). Tirant lo Blanch.

Dreyer, E. (2021). *Droit pénal général*. Lexis Nexis.

Escobar Jiménez, R. (2018). Comentario al art. 183 quater. En A. Del Moral García (Ed.), *Codigo Penal. Comentarios y Jurisprudencia* (pp. 1066-1067). Comares.

Esquinas Valverde, P. (2022). Delitos de abusos sexuales sobre mayores de 16 años (art. 181 CP). En E. Marín de Espinosa Ceballos, P. Esquinas Valverde (Dirs.), M. A. Morales Hernández (Coord.), *Los delitos contra la libertad e indemnidad sexual a examen: propuestas de reforma* (pp. 141-225). Aranzadi.

Ferreres Comella, V. (2002). *El principio de taxatividad en materia penal y el valor normativo de la jurisprudencia*. Civitas.

Flores Mendoza, F. (2016). La antijuridicidad. Causas de justificación. En C. M. Romeo Casabona/E. Sola Reche/ M. A. Boldova Pasamar (Coords.), *Derecho Penal Parte General* (2.ª ed., pp. 213-222). Comares.

Gabrielli, O. A. (2019). Pornografía infantil: Escala de Tanner, ¿utilidad o ficción? *Gaceta Internacional de Ciencias Forenses, 30*, 28-33.

García Álvarez, P. (2015). La reforma de los Capítulos II bis, IV y V del Título VIII del Código Penal, en el proyecto de Ley Orgánica de 20 de septiembre de 2013. En F. Muñoz Conde (Dir.)// J. Del Carpio Delgado/ A. Galán Muñoz (Coords.), *Análisis de las reformas penales: Presente y futuro* (pp. 141-190). Tirant lo Blanch.

García Pérez, O. (1999). Los actuales principios rectores del Derecho Penal juvenil. *Revista de Derecho Penal y Criminologia- UNED, 3*, 33-76.

García Rivas, N./ Tarancón Gómez, P. (2021). Lección 17a. Agresión y abusos sexuales. En F. J. Álvarez García (Dir.) // A. Ventura Püschel

(Coord.), *Tratado de Derecho Penal español: parte especial (I). Delitos contra las personas* (3.ª Ed., pp. 1117-1204). Tirant lo Blanch.

Goldberg, E. (2001). *Executive Brain: frontal lobes and the civilized mind.* Oxford University Press.

Gómez Tomillo, M. (2010). *Comentarios al Código Penal* (1a). Lex Nova.

Gómez Tomillo, M. (2015). Artículo 183 quater. En M. Gómez Tomillo (Ed.), *Comentarios prácticos al Código Penal, Tomo II. Delitos contra las personas* (pp. 539-546). Aranzadi.

González Agudelo, G. (2021). *La Sexualidad de los Jóvenes: Criminalización y Consentimiento.* Tirant lo Blanch.

González Tascón, M. M. (2022). El consentimiento de las personas menores de edad y de las personas con discapacidad intelectual a la realización de actos sexuales con terceros. En *Delitos sexuales y personas menores de edad o con discapacidad intelectual: Reflexiones jurídicas y psicoeducativas sobre sus derechos y su protección* (pp. 97-142). Tirant lo Blanch.

Greenberger, E./ Sorensen, A. B. (1974). Toward a concept of psychosocial maturity. *Journal of Youth and Adolescence*, 258-329.

Griffin, S. E. (1976). *Psychological maturity in adults: A factorial analysis and a theoretical model* [Tesis Doctoral no publicada]. The Pennsylvania State University.

Hassemer, W. (1984). *Fundamentos del Derecho Penal.* Bosch.

Heath, D. D. (1977). *Maturity and competence: A transcultural view.* Gardner Press.

Hernández Gil, F. (1999). La transexualidad. En *Libro homenaje a Jesús López Medel* (pp. 2363-2398). Colegio de Registradores de la Propiedad y Mercantiles de España.

Higuera Guimerá, J.F. (1993). *Las excusas absolutorias.* Marcial Pons.

Higuera Guimerá, J. F. (2003). *Derecho Penal juvenil.* Bosch.

Judel Prieto, A./ Piñol Rodríguez, J. R. (2018). *Manual de Derecho Penal II Parte Especial* (C. Suárez-Mira Rodríguez, Ed. 7.ª). Civitas.

Katz, J. E./Rice, R. E. (2005). *Consecuencias sociales del uso de Internet.* Universitat Oberta de Catalunya.

Kunert, K. H. (1958). *Die normativen Merkmale der strafrechtlichen Tatbestände*. De Gruyter.

Lameiras Fernández, M./Carrera Fernández, M. V./Rodríguez Castro, Y./ Alonso Álvarez, A. (2014). Aproximación psicológica a la problemática de los abusos sexuales en la infancia. En M. Lameira Fernández/E. Orts Berenguer (Coords.), *Delitos sexuales contra menores: abordaje psicológico, jurídico y policial* (pp. 39-67). Tirant lo Blanch.

Laws, E./Lees, P. (2007). *The Sexual Offences Referencer* (1.ª ed.). Oxford University Press.

López-Galiacho Perona, J. (1997). *La problemática jurídica de la transexualidad*. McGraw Hill.

Luzón Peña, D. M. (1995). Causas de atipicidad y causas de justificación. En D. M. Luzón Peña/ S. Mir Puig (Coords.), *Causas de justificación y atipicidad en el Derecho Penal* (1.ª ed., pp. 21-43). Aranzadi.

Martin, J. (2014). *Criminal Law* (Illustrated). Routledge.

Maslow, A. H. (1973). *El hombre autorrealizado: Hacia una psicología del Ser* (R. Ribé, Trad.). Kairós.

McCartan, K. (2008). Current understandings of paedophilia and the resulting crisis in modern society. *Nova Biomedical eBooks*. https://wccsj.ac.uk/images/docs/mccartan_paedophilia_and_the_crisis_in_modern_society.pdf

Mezger, E. (1935). *Tratado de Derecho Penal* (J. A. Rodríguez Muñoz, Trad.). Editorial de la Revista de Derecho Privado.

Mir Puig, S. (2011). *Derecho Penal Parte General* (9.ª ed.). Reppertor.

Morales-Vives, F./ Camps, E./ Lorenzo-Seva, U. (2013). Development and Validation of the Psychological Maturity Assessment Scale (PSYMAS). *European Journal of Psychological Assessment, 29*(1), 12-18. https://doi.org/10.1027/1015-5759/a000115

Morales-Vives, F./ Camps, E./ Lorenzo-Seva, U./ Vigil-Colet, A. (2014). The Role of Psychological Maturity in Direct and Indirect Aggressiveness in Spanish Adolescents. *Spanish Journal of Psychology, 17*. https://doi.org/10.1017/sjp.2014.18

Morillas Fernández, D. L. (2015). Delitos contra la libertad e indemnidad sexuales. En L. Morillas Cueva (Ed.), *Estudios sobre el Código Penal reformado. Leyes Orgánicas 1/2015 y 2/2015* (p. 461). Dykinson.

Muñoz Conde, F. (2022). *Derecho Penal Parte Especial* (24.ª Ed.). Tirant lo Blanch.

Oliva, R. (2004). Fenotipo y genotipo. En *Genética médica* (pp. 25-26). https://books.google.es/books?id=9sCJ80bEsRsCypg=PA96ydq=fenotipo +y+genotipoyhl=esysa=Xyved=0ahUKEwjG-

Orts Berenguer, E. (2022). Delitos contra la libertad e indemnidad sexuales II. En J. L. González Cussac (Ed.), *Derecho Penal Parte Especial* (7.ª Ed., pp. 245-258). Tirant lo Blanch.

Pérez Machío, A. I., y De la Cuesta Arzamendi, J. L. (2020). La victimología evolutiva (o del desarrollo) y la vulnerabilidad como pilares de la tutela penal reforzada del menor víctima de delitos. En A. I. Pérez Machío y N. J. De la Mata Barranco (Coords.), *La integración social del/la menor víctima a partir de la tutela penal reforzada.* (pp. 25-68). Aranzadi.

Queralt Jiménez, J. J. (2015). *Derecho Penal español. Parte especial.* Tirant lo Blanch.

Quintero Olivares, G./Morales Prats, F./Prats Canut, J. M. (1999). La exención de la responsabilidad criminal. En *Manual de Derecho Penal Parte General* (1.ª ed., pp. 457-573). Aranzadi.

Rafols Pérez, I. J. (2020). La asimetría de edad en los delitos contra la libertad sexual. La cláusula del art. 183 quater del Código Penal. *Libertas-Fundación Internacional de Ciencias Penales, 9,* 165-185.

Ramos Tapia, M. I. (2015). La tipificación de los abusos sexuales a menores: el proyecto de reforma de 2013 y a su adecuación a la Directiva 2011/92/UE. En C. Villacampa Estiarte / T. Aguado Correa (Coords.), *Delitos contra la libertad e indemnidad sexual de los menores: adecuación del Derecho español a las demandas normativas supranacionales de protección* (pp. 117-138). Aranzadi.

Ramos Vázquez, J. A. (2016). *Política Criminal, Cultura y Abuso Sexual de Menores.* Tirant lo Blanch.

Ramos Vázquez, J. A. (2017). Los inciertos Romeo y Julieta: El consentimiento de relaciones sexuales por parte de menores en la reforma penal española. En C. Fava (Ed.), *Certezza e trasparenza tra diritto ed economia* (pp. 113-128). CEDAM.

Richard González, M. (2017). Problemas de la prueba pericial en el proceso penal. En J. Picó i Junoy (Dir.)// C. de Miranda Vázquez (Coord.), *Peritaje y prueba pericial* (pp. 249-273). Bosch.

Rodrigo Apio, J. J., /Andreu Rodríguez, J. M. (2017). Evaluación psicológica de la madurez psicosocial en adolescentes. *Psicopatología Clínica, Legal y Forense, 17,* 14-31.

Rodríguez Carrión, J./ Traverso Blanco, C. I. (2012). Conductas sexuales en adolescentes de 12 a 17 años de Andalucía. *Gaceta Sanitaria, 26*(6), 519-524. https://doi.org/10.1016/j.gaceta.2012.02.005

Ropero Carrasco, J. (2014). Reformas penales y política criminal en la protección de la indemnidad sexual de los menores. El Proyecto de 2013. *Estudios Penales Y Criminológicos,* 225-300. https://revistas.usc.gal/index.php/epc/article/view/2083

Rosselli, M. (2003). Maduración Cerebral y Desarrollo Cognoscitivo. *Revista Latinoamericana en Ciencias Sociales, Niñez y Juventud, 1*(1), 125-144. http://www.scielo.org.co/pdf/rlcs/v1n1/v1n1a05.pdf

Roxin, C. (1997). *Derecho Penal. Parte general. Tomo I. Fundamentos* (D. M. Luzón Peña/ M. Díaz y García-Conlledo/ J. de Vicente Remesal, Trads.). Civitas.

Royuela Ruiz, P./ Rodríguez Molinero, L./Marugán de Miguelsanz, J. M. (2015, 18 mayo). Factores de riesgo de la precocidad sexual en adolescentes. *Revista de Pediatría en Atención Primaria.* https://pap.es/articulo/12173/

Sánchez Domingo, M. B. (2022). Validez del consentimiento libre del menor de 16 años. Análisis del artículo 183 quater CP. En E. Marín de Espinosa Ceballos/ P. Esquinas Valverde (Dirs.)// M. A. Morales Hernández (Coord.). *Los delitos contra la libertad e indemnidad sexual a examen: propuestas de reforma* (pp. 447-491). Aranzadi.

Sánchez Lázaro, F. G. (2016). Las circunstancias atenuantes y agravantes del delito. En C. M. Romeo Casabona/E. Sola Reche/ M. A. Boldova Pasamar (Coords.), *Derecho Penal Parte General* (2.ª ed., pp. 315-330). Comares.

Silber, T. J. (2011). Adolescent Brain Development and the Mature Minor Doctrine. En *American Academy of Pediatrics eBooks.* American Academy of Pediatrics. https://doi.org/10.1542/9781581106473-ch04

Silva Sánchez, J. M. (2020). *La expansión del Derecho Penal. Aspectos de la política criminal en las sociedades postindustriales* (3.ª ed.). Edisofer.

Tamarit Sumalla, J. M. (2015). "¿Caza de brujas o protección de los menores? La respuesta penal a la victimización sexual de menores a partir de la Directiva europea de 2011". En C. Villacampa Estiarte/ T. Aguado Correa (Coords.), *Delitos contra la libertad e indemnidad sexual de los menores: adecuación del Derecho español a las demandas normativas supranacionales de protección* (pp. 87-106). Aranzadi.

Tamarit Sumalla, J. M. (2016). Comentario al art. 156 del Código Penal. En G. Quintero Olivares/ F. Morales Prats (Coords.), *Comentarios al Código Penal español: Artículos 1 a 233* (7a, pp. 1070-1071). Thomson Reuters.

Tenbergen, G./Wittfoth, M./ Frieling, H./ Ponseti, J./ Walter, M./ Walter, H./ Beier, K. M./ Schiffer, B.M/Kruger, T. H. (2015). The Neurobiology and Psychology of Pedophilia: Recent Advances and Challenges. Frontiers in human neuroscience, 9, 344. https://doi.org/10.3389/fnhum.2015.00344.

Torres, K. (2014). La reglamentación de la vida sexual en el islam: interferencia y fusión entre derecho y sexualidad. *Ambigua: Revista de Investigaciones sobre Género y Estudios Culturales, 1*, 75-98.

Valdés Miyar, M. (2015). *Arquitectura de la psiquiatría*. Plataforma Actual.

Véron, M. (2015). *Droit pénal spécial* (15.ª ed.). Sirey.

Von Krafft-Ebing, R. (1907). *Psychopathia sexualis*. Verlag von Ferdinand Enke.

Welzel, H. (1969). *Das Deustche Strafrecht* (11.ª ed.). Walter de Gruyter.

Willoughby, T. (2008). A short-term longitudinal study of internet and computer game use by adolescent boys and girls: Prevalence, frequency of use, and psychosocial predictors. *Developmental Psychology, 44*, 194-204.

Zacarés González, J. J. (1994). *Madurez psicológica: un análisis teórico y empírico de un constructo evolutivo* [Tesis Doctoral]. Universidad de Valencia.

Zaffaroni, E. R./Alagia, A./Slokar, A. (2002). *Derecho Penal parte general* (2a). EDIAR.